婦人王氏之死

The death of Woman Wang

史景遷 Jonathan D. Spence 著

李孝愷 譯

李孝悌 校譯

目次

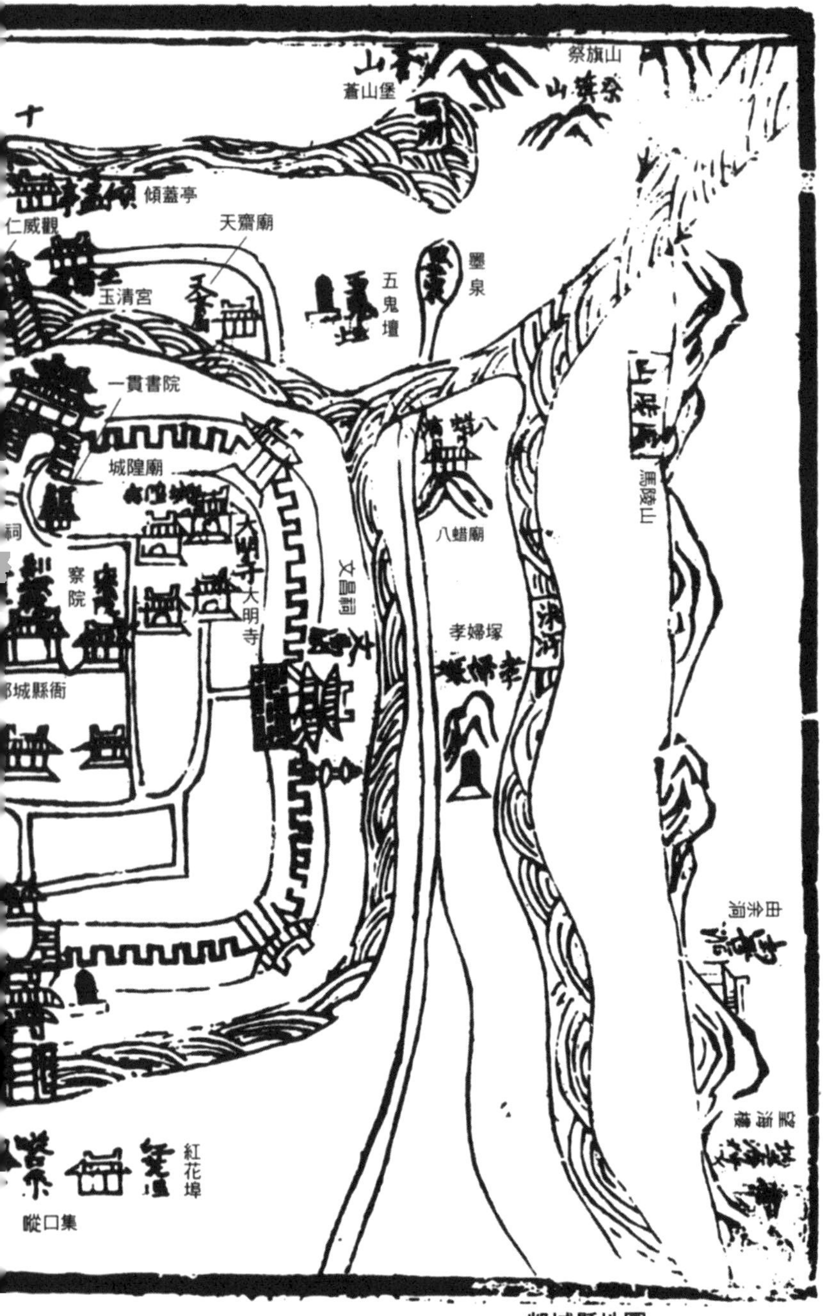

郯城縣地圖

引自《郯城縣志》（1673），頁vi-vii。

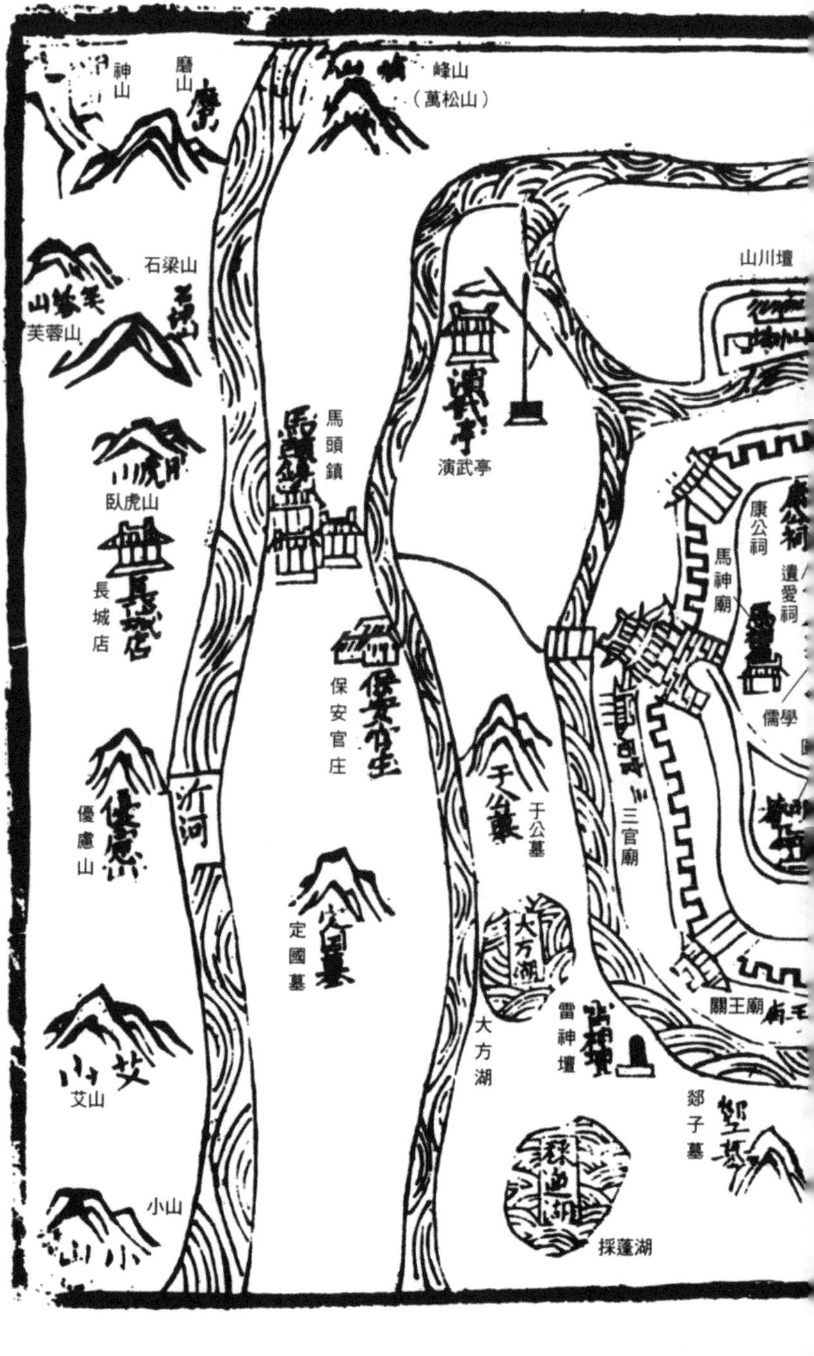
神山
磨山
峰山
（萬松山）
石梁山
芙蓉山
馬頭鎮
演武亭
山川壇
臥虎山
長城店
康公祠
馬神廟
遺愛祠
保安官庄
儒學
沂河
優慮山
于公墓
三官廟
定國墓
關王廟
大方湖
雷神壇
艾山
郯子墓
小山
採蓬湖

郯城知縣衙門配置圖

引自《郯城縣志》(1673),頁xviii-xix。

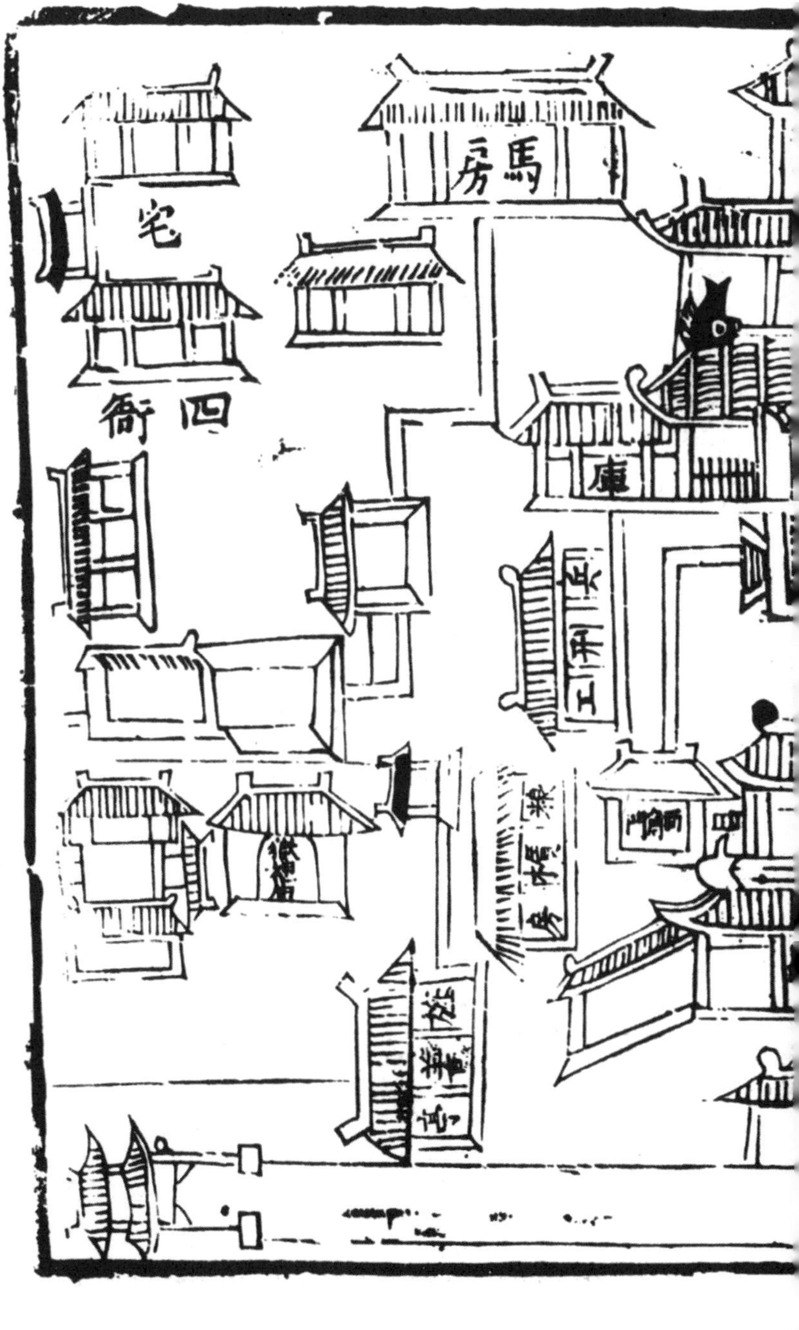

馬房
宅
四衙
庫
吏刑工
西角門
旌善亭

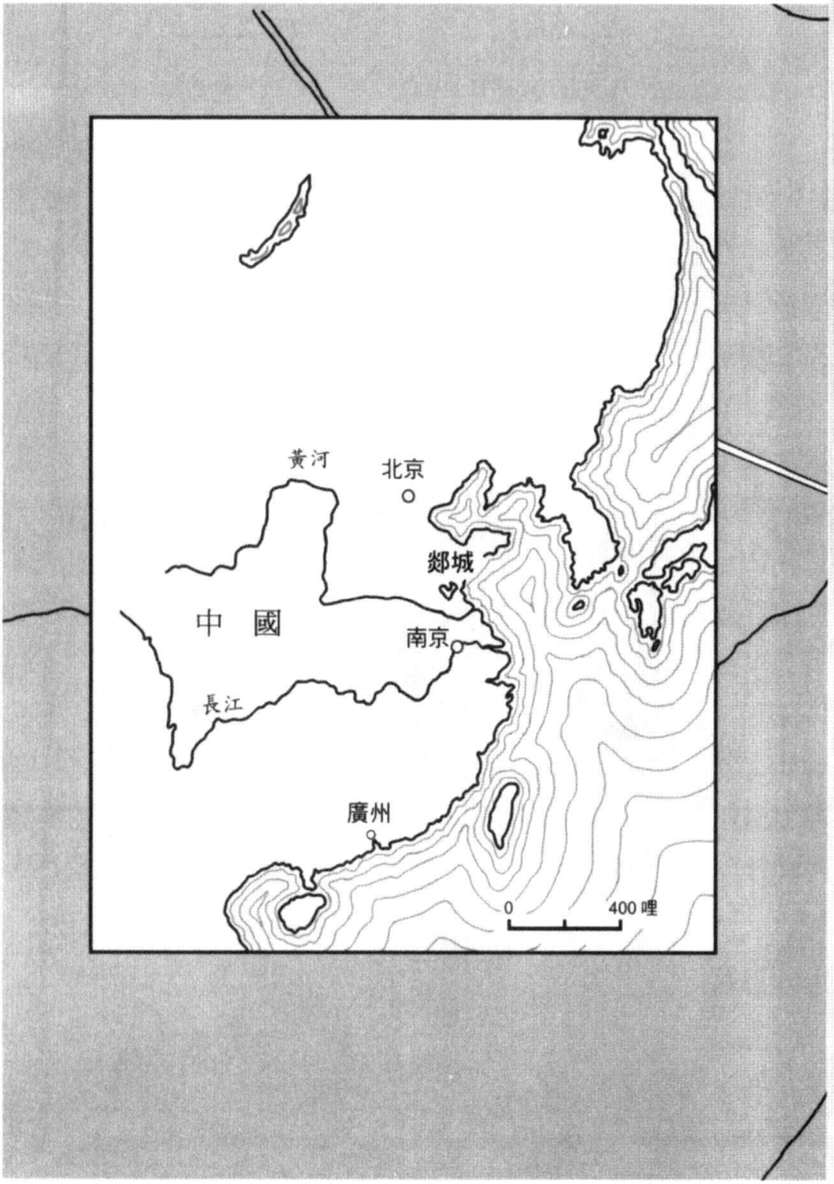

黃河
北京
郯城
中 國
南京
長江
廣州
0
400哩

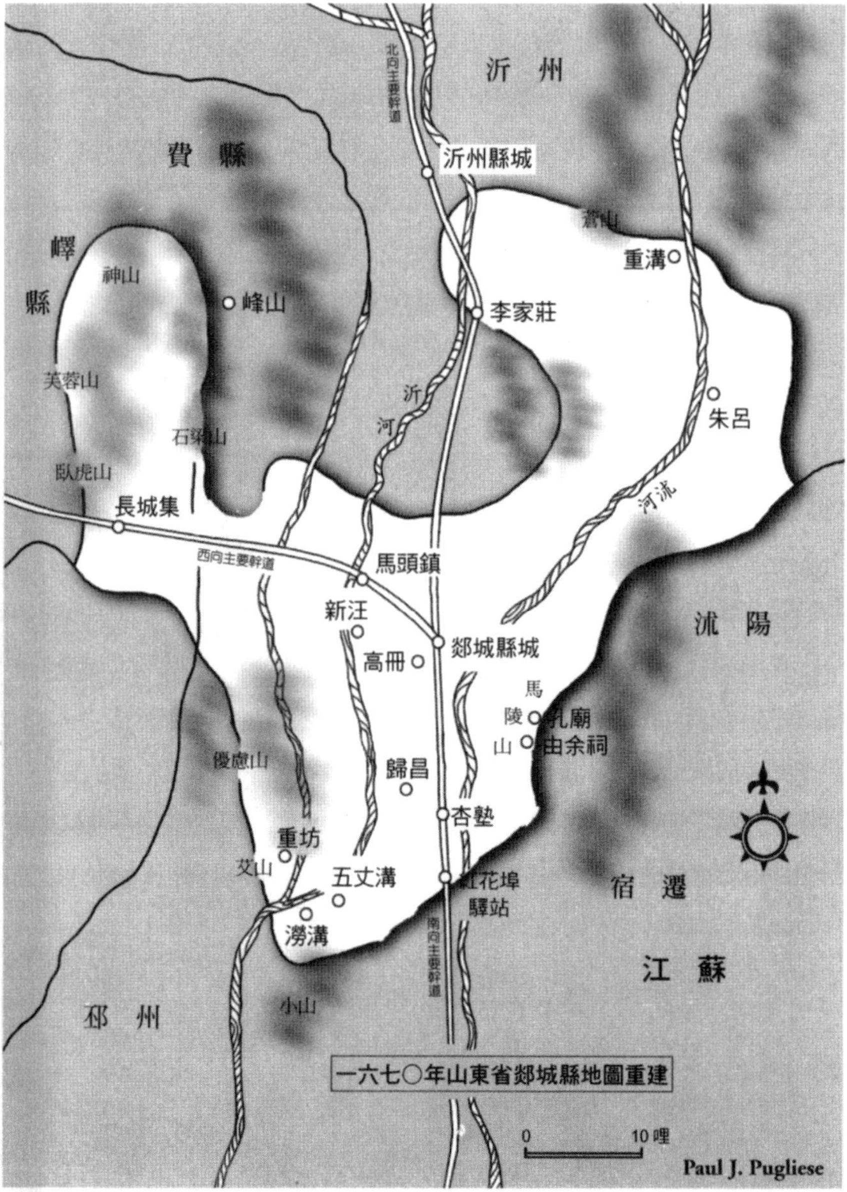
沂州
北向主要幹道
費縣
沂州縣城
嶧縣
神山
峰山
蒼山
重溝
李家莊
芙蓉山
沂河
朱呂
石梁山
臥虎山
長城集
河流
西向主要幹道
馬頭鎮
新汪
郯城縣城
沭陽
高冊
馬陵山
孔廟
由余祠
優慮山
歸昌
杏墊
重坊
艾山
五丈溝
紅花埠驛站
宿遷
滂溝
南向主要幹道
江蘇
小山
邳州
一六七〇年山東省郯城縣地圖重建
0
10哩
Paul J. Pugliese

代譯序

李孝悌

以我自己的了解，在過去三十多年，美國學者在中國史研究的領域中，表現最突出的要算是中國近代社會史了。這樣說，當然不是要否定個別學者在思想史、政治史、文化史或其他領域中的貢獻。我們說西方學者在近代社會史的研究上，有突出的成績，主要的一個原因，是因為中國學者自己過去在這個領域中的研究，或者完全空白，或者雖有著述，卻乏善可陳。在這樣的環境下，西方學者的社會史研究，原本就容易收開疆拓土之功，並予人耳目一新之感。再加上論證的精密，分析的細緻，幾十年累積下來，在實證研究和理論創建方面，累積了可觀的成果，也讓我們對中國歷史有了全新的領會。

這個領域研究的主要課題，包括了中國社會的性質、民眾叛亂、民間宗教、基層組織及地方社會。史景遷教授在二十多年前寫的這一本《婦人王氏之死》，在類別上可以歸到地方社會這一項，但在風格和取徑上卻和其他的研究大不相同。後面這一類學者，像孔復禮（Philip Kuhn），裴宜理（Elizabeth Perry）或杜贊奇（Prasenjit Duara），著重在資料的分析和理論的建立，走的是標準的學院派厚重的經典著述傳統。本書作者則一向偏重在文學性的敘事，試圖透過高超的敘事技巧和敏銳的感知能力，在僵化的史料背後，重新塑造或捕捉逝去的時空和人物的生命。這一點，在《婦人王氏之死》上，表現得格外突出。

以資料而論，《郯城縣志》和其他幾個地方的方志，是本書的重要依據。這一類資料，在中國史研究中再普通不過，我們大多數以中文為母語的史學家信手翻過，不費吹灰之力，卻從不曾在這些看似因循呆板的資料中，看到任何可以大做文章的質材。黃六鴻的《福惠全書》，對細節的記敘有超乎一般官箴的異常興趣。但如果用在我們只看到事實，卻看不到故事的學者手中，恐怕也就平白糟蹋掉了。本書使用的第三種資料《聊齋志異》，屬於虛構的小說，作者大量使用來建構清初山東地方民眾的心靈圖像，在二、三十年前的美國漢學界，曾引起一些爭議。但從今天文化史研究的立場看來，這種歷史文獻和文學作品並冶一爐的手法，反而顯現了作者的創意和先見之明。

我們有大量關於中國近代區域和地方社會的研究，在看完了一個個真實的數字、圖表統計和成篇累牘的徵引文字後，卻依然對被研究的社會、人民，一無所知。史景遷教授使用的資料，看似簡單、平常，但透過他奇幻的敘事和文字，郯城這個三百多年前，中國北方的一所窮苦的聚落，卻以那樣鮮明強烈的形象，逼近眼前，久久揮拭不去。一直到現在，我還清楚地記得，一六六八年的那場地震，如何極具象徵性地將我們帶進郯城的歷史。透過一幅幅鮮明的圖像和具體的描述，我們才真正進入我們曾經靠著抽象的概念徘徊其外的鄉村世界，真正走進這些人的生活和他們的苦難與夢幻之中。

我還記得，婦人王氏如何經由幾條可能的路線，和不知名的男子逃離郯城，最後又屈辱地回到歸昌老家的三官廟裡，再被她一度遺棄的丈夫帶回那間四望蕭然的林前小屋。我永遠無法忘掉最後那一幕，王氏穿著軟底紅布睡鞋，躺在被白雪覆蓋的林間空地上。王氏短暫的一生和發生在這塊土地上的一切不幸與喧擾，雖然就此落幕，卻在後世讀者的心中，留下永難磨滅的紀錄。

在將原文還原的過程中，我們根據資料，在幾個地方作了些微的更動。史景遷、金安平教授夫婦和中研院傅斯年圖書館的鄒秀寶小姐，協助我們查證部分譯文，並取得一六七三年版的《郯城縣志》影本，謹此致謝。

致謝

我對許多圖書館館長及館員的好意，和迅速的協助謹致謝意：特別要感謝耶魯的安東尼·馬（Anthony Marr），但也要同樣感謝劍橋大學圖書館、芝加哥大學圖書館、哥倫比亞大學圖書館、哈佛燕京圖書館、倫敦亞非學院和東京內閣文庫的工作同仁。

除了從耶魯同事及學生處獲得協助外，我在哈佛（法學院、人類學系及歷史系）、霍利奧克山（Mount Holyoke）及普林斯頓講授本書最初的一些構想時，也受益於聽眾的評論及批評。

我也很感謝黃伯飛（Parker Po-fei Huang）、謝正光（Andrew Hsieh）以及吳秀良（Silas H. L. Wu）在翻譯和解釋上的諸多協助。三個人都慷慨的奉獻時間，提供知識。也謝謝安娜·殷瑟勒拉（Anna Maria Insolera）及莎莉·包若拉（Sally Bozzola）。謝謝露斯・柯茲保（Ruth Kurzbauer）和弗羅倫斯・湯馬士（Florence Thomas），以及伊莉莎白・施弗頓（Elisabeth Sifton）。

我尤其希望能向已故的亞瑟・賴特（Arthur Wright）教授致上深深的謝意。我像以前一樣地感謝他，但這一次是最後一次。他很有耐心地在談話中評論了無數的段落，並用極具批判性的敏銳、感情和活力評論了本書的初稿。我們在仲夏夜的酋長海岬（Sachem’s Head）上，辯論王氏及郯城縣的最後一次散步，我會永遠銘記於心。

The death of Woman Wang

Jonathan D. Spence

逝去的，埋葬了嗎？又一個失落的物件？
但並沒有任何東西滑逝。
或者，一切都是翻譯我們的每個片段都消逝於其中……

——詹姆士．梅瑞爾（James Merrill）

翻譯體例說明

作者引用原籍文句處，短則以原文呈現，長則以白話譯出，以利讀者閱讀，原文則另置於書末附錄。

前言

這本書的背景，是十七世紀中國東北部的一個小角落。正確的位置是山東省郯城縣，大部分的情節於一六六八年到一六七二年發生於此。在那段時間和地點內，焦點集中在那些地位低於知識菁英分子的人身上：農夫、農場工人和他們的妻子。他們在困難的時候，沒有官方關係來幫助，也沒有有力的親屬組織去投靠。我從四次小的危機中去觀察這些人：第一項，牽扯到土地的耕耘和從那塊地上徵收的賦稅；第二項，一位寡婦保護她的小孩和遺產的企圖；第三項，由一次地方爭鬥引發的暴力事件；以及第四項，一位王姓婦人的決定，她不願意再面對一種無法接受的現狀，而選擇逃離郯城的家和丈夫。我說這些危機是「小的」，是就整個歷史紀錄的脈絡而言。對實際牽扯在內的人來說，這些危機有絕對、攸關生死的重要性。

我刻意試著讓這個故事保有鄉下風味和地方色彩，因為過去對近代以前中國鄉村所作的描述，不是取材於特定的地方，而是在廣大的地理區域和極長的時間內蒐集證據，這一過程幾乎無可避免地會失去個人的特性。另一方面，當人們真正在從事地方性研究時，他們的焦點並不集中在鄉村地區自身，而是因為那些地區有其他更引人注目的特色，例如：那裡曾經出過多少有才氣的人；或是當地曾被叛亂事件的凶殘行為所荼毒。再不，就是因為當地經濟條件的利益和多樣性，以及社會組織的歷史複雜性。然而郯城卻是個沒沒無名的縣分；它在十七世紀沒有產生傑出的人物，經濟和社會狀況的資料不足，雖然災禍不斷，當地居民卻沒有叛亂。

要從過去召喚出那些窮人和為人遺忘者的生活總是困難的。讓人覺得諷刺的是，中國人對國史和縣史的撰寫至為周備，地方紀錄卻多半未見保存。我們通常找不到驗屍官驗屍、行會交易、嚴密的土地租賃紀錄，或教區出生、婚姻、死亡紀錄之類的資料——而正是這些資料，使我們能對歐洲中世紀後期的歷史，作極其周密細緻的解讀。然而，還是有些資料四散各處。我主要依靠三種不同的資料，試著鑽探出一條通往郯城世界的小路。

第一種資料是一六七三年編的《郯城縣志》。傳統中國的縣志通常陳陳相因，由有學養的仕紳菁英的成員所編纂。他們用一定的排列順序處理縣史的一些主題，如縣的地理位置和地形，城市和城牆，地方政府的官署和衙門、廟宇，土地和租稅制度，地方名士和現職官員的傳記——被認為格外「忠貞」或「貞潔」的婦女傳記也包括在內。當軍隊、盜匪或自然災害的出現直接影響到這個縣時，也會被記載在方志中。《郯城縣志》在內容或格式上沒有什麼不尋常，但它對這個縣的困苦的描述寫實而鮮明。這一類方志中，對細節描寫的詳細度各有不同，通常和事件發生的年代與撰寫的年代的距離成反比。《郯城縣志》一六七三年這個編纂日期，意味著對先前幾十年的記憶直接而嚴酷。這部方志的主編馮可參，似乎也滿足於編纂一部真實的淒涼紀錄，而不為禮節或懷舊之情所動。

第二種資料，是官僚學者黃六鴻於一六九〇年所編纂的一本關於縣官生涯的個人回憶和官箴。同樣地，這也不是一個全新的類型。這類官箴以前就有，目的在教官吏如何評估他們自己的角色，如何根據自己和縣內居民的利益行事。（這裡有相當的重疊，因為如果一個縣的居民被貪婪、愚笨、殘酷，或無能的施政刺激到起而抗爭或拒繳稅款時，知縣很可能被重罰或解職。）這一千四百位在十七世紀中國任一時間內擔任知縣的人，處在一個困難的位置上。因為他們雖然在轄區內有很大的權力，是地方上主要的司法官、財政官和公眾安全的守護者，但他們同時也是一個複雜的命令之鏈中的低階成員，這個命令之鏈超越他們，上至知府，越過知府而至巡撫，然後經由後者到北京的六部及皇帝本身。更進一步，一部完整法條化的行政法典規範著他們的日常行為，就像龐大的《大清律》由前朝明代的判例賡續發展，試圖將全體人民中所有已知的犯罪種類和越軌行動系統化，並對所有的犯行施以固定的懲罰。知縣們對這些法律的解釋和奉行不斷受到上級的查驗，上級也要求他們對轄區內任何的錯失負責。當黃六鴻在一六七〇年到一六七二年擔任郯城知縣時，他所承受的這些限制和壓力，並不亞於其同儕。但他是一位格外敏銳的觀察者，重視細節，並對準確有一種偏執：在他寫官箴時，常會寫出某一特定事件發生的正確時刻或日期（陰曆），確切的金額或人數，以及參與某一特定交易或對抗行動者的身分。當我們在縣志或其他當代的紀錄裡再核對這些細節時，它們完全正確無誤。因此，黃不以概論而自滿。在官箴裡，他以一些個別的例子描述自己對行政和法律的觀點，本書的中心，就是取自這些例子中，與郯城有關的四則。

第三種資料是隨筆作家、短篇故事作家兼劇作家蒲松齡的作品。蒲松齡住在淄川縣稍北，淄川、郯城中間被一排土匪出沒的山丘隔開。蒲雖然在西方不具盛名，卻是中國最具才華的傑出作家之一。當我發現他曾於一六七〇年代在山東從事寫作，並於一六七〇年和一六七一年經過郯城時，就決定從他的觀察角度，來補馮可參和黃六鴻較傳統的歷史、行政著作之不足。因為雖然馮和黃意外地帶領我們深入當地的一個重要部分——一個關於個人憤怒和不幸的領域——他們卻無意探究郯城的另一些領域：寂寞、淫蕩、夢想；而正是這些領域迷住了蒲松齡。我因而在他的許多面向中引據了三項：山東回憶的記錄者、說故事的人，以及形象的塑造者，在這一方面，他有時有令人想不到的優雅或力量。對我而言，唯有透過蒙太奇的形式，對這些形象作某些結合，才可能超越那個已逝的世界中的其他資料，更趨近王氏，表達出她在臨死前的睡夢中可能有的一些想法。

因為本書始於王氏，所以也理所當然地跟著她結束。當我幾年前在一間圖書館中，意外地發現她的故事時，她引導我進入郯城和郯城歷史的悲痛，引導我第一次進入一個在所有看得見的財富、影響力和權力分配上都失利的邊緣縣分。我仍然不知道她的故事可以告訴我們多少關於整個清朝的事，但是我猜有許多女人像她一樣，就像許多縣跟郯城一樣，被動地受著苦，付他們的稅，然而回報卻很少。

我對王氏的反應是曖昧而深遠。她對我而言，就像人們在退潮的海水中看到的，在群石中微微閃亮，而以近乎後悔的心情從浪潮中拾起的一顆石頭，知道很快地隨著石頭在太陽下晒乾，遍布在其上的色彩會褪卸消逝。但在這個個案裡，色彩和紋理沒有消退；當它平躺在我手裡時，色彩和紋理反而顯得更鮮明。不時地，我知道是石頭本身在傳熱給握持它的血肉之軀。

史景遷

耶魯大學提摩西・德懷特（Timothy Dwight）學院

一九七七年五月十五日

第一章

觀察者

The Observers

一六六八年七月二十五日，一場地震[1]襲擊郯城縣。傍晚時分，月亮緩緩升起。除了一陣像是從某處發出，傳向西北的嚇人轟隆聲外，沒有一點預警。市區裡的建築物開始搖晃，樹木也開始有韻律地搖擺，然後是更激烈地前後擺盪，直到樹梢幾乎碰地，接著又是一次劇烈地搖動，震垮了大片的城牆、垛口、官衙、廟宇和數以千計的民房。寬廣的裂縫穿過馬路和房屋下方，水柱噴向空中，高達二十英尺，甚至更高。裂泉湧向路面，淹沒了溝渠。試著維持立姿的人，覺得腳像是旋轉失控的圓石，終於跌落在地面。

有些人——像李獻玉——掉入裂縫中，所幸碰到地下水流而浮起，抓住了裂縫邊。有些人的房子被震成兩半，當儲藏室滑入土中時，他們在起居室中倖存下來。有些人只能無助地看著家人一一死去。高德懋跟他的妻妾、小孩、親戚和僕人共二十九人居住在一起，但只有他、一個兒子和一個女兒逃過一劫。

就像來時一樣的突然，地震停了。大地靜止，水流退去，只留下一些邊緣盡是淤泥和細沙的裂縫。殘垣頹壁一層層地堆積在塌陷處，像一組組巨大的階梯。

一六七三年編纂《郯城縣志》的馮可參寫道，命運彷彿是在「落井下石」[2]。馮重複了約一世紀前，當地史家對郯城所作的兩項一般性觀察：第一：雖然在專記地方事件的編年志中，人們可能會預期在「災異」和「祥瑞」間有一均等的記載，但在郯城，十件事中有九件是落在災異這個範疇；第二，大自然通常以十二年為一循環[3]——六年富足、六年饑饉——的形式展現，而在郯城，每十二年中也總會有一次嚴重的饑荒。

馮在郯城縣住了五年，生活對他誠非易事。他在一六六八年間以知縣的身分到任，但因為連續兩年處理縣內帝國驛站的馬匹及財政不力而被免職。他窮困潦倒地留在郯城（或許因為被罷黜而無顏返回福建邵武的老家），靠當地仕紳的施捨和寫作賺來的錢維生。畢竟他曾在一六五一年取得進士這個最高頭銜，而在郯城，當時沒有一位仍然活著的進士，甚至沒有任何活著的當地人獲得地位較低的舉人。所以馮在該地受到尊敬，並能藉著教書和一些找上門的臨時工作——如《縣志》的主編——賺一些錢。他在一六七三年年底完成了《縣志》，回到福建，但這次回鄉只帶給他更多的悲傷。他到達時正好是三藩之亂爆發之初，馮和許多文人及前任官員奉叛亂團體之命出任他們的「官」職。但他拒絕了。（年輕時，在得知李白曾在反叛的永王璘的團隊中寫詩後，他就拒絕再讀任何這位他心儀的唐朝詩人的作品。）與其面對叛軍的報復，馮寧願退隱到福建山中，然而山區惡劣的天候卻奪走了他的生命。[4]

或許由於他在郯城的一些鬱悶的經驗，在他為《縣志．戶賦志》所寫的幾篇序論中，馮非常坦白地寫下這個地區的不幸遭遇、居民的貧困，以及當地仕紳在紓解困境上的無能。他為縣內一些災難的統計數字所迷惑，並一再地回到那些統計數字上。他估計在一六七〇年代初期，郯城的人口只有五十年前明朝末年人口的四分之一；在明末，郯城人口一度遠超過二十萬，現在則只剩約六萬。而且登記上稅的耕地面積幾乎減少了三分之二，從三百七十五萬畝降到一百五十萬畝以下。[5]當他默默思索著一六六八年的地震時——這場地震在他就任知縣僅幾個月後襲擊郯城——他筆下的數字甚至更為精確。為了強調他的論點，他把郯城跟北方較大的鄰州沂州作比較：沂州有一百零八個社，郯城有四十五個；然而在這場地震中沂州死了一萬兩千人，在郯城（人口遠不及沂州的一半）卻幾乎有九千人喪命。

到一六六八年為止，郯城的居民已經遭受了五十年的磨難。許多人死於一六二二年的白蓮教起事。[6]這一年，教徒乘著山東地方的悲慘境遇，起而造反，蹂躪郯城周圍的城市，並且引誘成千上萬的農民，帶著少數幾件家當，乘車或步行離開家園。叛亂的領袖——像是來自鄰近鄒縣的侯武——為窮人提供了一幅美景：「金山、銀山、麵山、米山、油泉和酒井」，並向虔誠的信徒保證「此生永不再貧窮」。那些離開家園去尋找樂園的人，最終不是陳屍山野，就是遭政府軍砍殺，或是死在為捍衛家園不受亡命之徒干擾而戰的山東鄉民手裡。

在一六三〇年代，有更多郯城人死亡，他們死於飢餓、盜賊或疾病。一六四〇年代，新一波的災難循環開始。一六四〇年，大群蝗蟲飛進郯城，繼一整個夏天的乾旱之後，摧毀小麥收成所留下的所有殘餘，並在麥田上產卵。[7]當人們封鎖門窗，試圖把蝗蟲隔絕在外時，牠們卻依附在房子的牆上，並且蠕動進入人們的衣服中。牠們爬下煙囪，用軀體的重量壓熄爐火。那年冬天的饑荒延續到第二年春天，當地農民試著找出適當的字眼來形容這場饑荒——他們用諺語的格式將絕望合理化：「兄食其弟，夫食其妻，輒相謂曰：與其為人食，不如吾自食，稍延旦夕之命。」或者：「與其父子兄弟夫妻俱斃，不如食父食兄食夫，自延其命也天理。」《縣志》上寫道：在鄉下，連最親近的朋友也不敢再一起走進田野。

盜匪隨著饑荒來到。一六四一年四月，一支為數幾千人的隊伍從沂州南下到郯城。他們劫掠了位於縣境的集鎮李家莊，然後朝西南行進到馬頭鎮。他們同樣劫掠此地，並在停留三天之後，放火燒了店鋪和住家。接著向東移到郯城縣城，進行圍城。[8]但這批盜匪在馬頭鎮停留的三天期間，給了郯城的居民進行組織防禦的空檔。他們用石頭、泥巴堵住城門，城牆上架設了火砲，隨時可以發射。在王英等人的領導下，糾結了地方的防禦武力。王英是個老兵，在一六二二年白蓮教攻擊時，曾幫助當地仕紳防禦郯城，表現優異，所以地方仕紳（成功地）向朝廷請願，授與他把總的正式官階。[9]

一塊刻有一六四一年二百九十二位郯城防禦者名字的石碑，多少可以看出郯城縣較有影響力的人，是如何湧入城中，尋求自保。這份名單由兩位徐姓人士以及學者杜之棟所領銜。徐姓人士的田地位在西邊的歸昌，兩人分別是一五九四年中舉的當地名士的弟弟和兒子。而學者杜之棟在一六二四年同樣中了舉人。杜家的田產位在東北方三十英里處的下莊社，至少有十二位家族成員列名於防禦者名錄。名錄中也有許多來自其他望族的成員——如來自高冊社的張家、劉家和來自池頭社的李家；有來自整個郯城縣近九十位的秀才，大概是當時縣裡秀才人數的三分之一；另外還有三十位已獲知縣頒發資格證明的童生；有近二十位地方或城鎮的守備、哨長，他們顯然放棄了應該守護的鄉間，而逃到郯城縣城尋求更安全的保護；還有低階軍官、醫學正、書吏、衙役、商人、砲手、家丁以及在石碑中列名最後的一位道士。[10]

這一群人和其他一些未指名的民眾，在四月十五日和盜匪周旋了一整個早上，使他們無法接近。由於幾發幸運的砲彈擊中了盜匪的營區，再加上突如其來的一陣狂風吹得四周飛沙走石，阻礙了盜匪的攻擊，終於將他們擊退。盜匪最後放棄攻擊主市區，轉而劫掠郊區，然後向南朝紅花埠驛站和鎮區而去。該地保證無虞的馬匹——這裡隨時備有許多馬匹，以供往華中的各驛路使用——和豔名遠播的妓院，將他們誘惑至此。在這裡，同樣讓人分不清方向的沙暴迫使居民留在家裡，緊閉門戶避難。由於不知盜匪逼近，他們來不及逃跑，就在自己家裡被砍死，或因房子遭縱火而被燒死。[11]在這次襲擊後，這群盜匪繼續行進到江蘇，五月末再度轉回，停留了三天。這段時間內，他們摧毀了夏莊集附近的一大片村落。

在這類短暫而凶猛的攻擊中，是窮人摧毀了窮人，仕紳階級反而可以躲在郯城縣城內的城牆後避難。但是當一六四三年一月，由阿巴泰將軍率領的一支滿洲軍隊攻進郯城時，連最富有的人也無處可躲，死者名單中有許多是打過一六四一年戰役的生還者。[12]在《縣志》簡潔的描述中寫著：

十五年十二月十一日（一六四三年一月三十日），大兵破城，屠之官長。俱殺紳士、吏民，十去七八。城之內外，共殺數萬餘人。街衢宅巷，尸相枕藉。殘傷子遺，踐尸而行，民傷大半。至十六年正月初三日（一六四三年二月二十一日），大兵營于境內。南自沈馬庄，沿沭河，西北至沂州，上下七十餘里（注：一里等於三分之一英里），相連五十四營。駐紮一十二日，闔境焚掠，殺傷甚多。又攻破蒼山堡，殺死人民男婦萬餘。

在阿巴泰返回滿洲後寫給清朝皇帝的報告中，對某些村社的細節不屑一提，而只說從華北一帶獲得：

黃金萬有二千二百五十兩，白金二百二十萬五千二百七十有奇。珍珠四千四百四十兩，各色緞共五萬二千二百三十疋。緞衣、裘衣，萬有三千八百四十領。貂狐豹虎等皮五百有奇。整角及角面，千有一百六十副。俘獲人民三十六萬九千名口。駝馬騾牛驢羊，共三十二萬一千有奇。外有發窖所得銀兩，剖為三分，以一分給賞將士，其眾兵私獲財物，莫可算屬。[13]

一六四四年，李自成的叛軍奪取北京，明亡，隨後叛軍又被勝利的滿洲軍逐出北京。但這些在中國歷史中如此凸顯的事件，卻幾乎沒有出現在郯城的紀錄中。《縣志》僅描述北京陷落後「混亂至極，盜匪四起，燒殺數月，而無平之者。人民受創至巨」。當勝利的清軍——現在是中國的征服者，而不再是一個掠奪團體——進入郯城時，我們已經看不到什麼關於一六四四年的記載，除了一位還活著的舉人，杜之棟（他的妻子和小兒子一年前才被清軍殺害），率領居民從城牆後走出來，正式向清軍投降的細節。[14]

滿洲征服中國，並未替郯城的命運帶來明顯的改變，儘管它允諾要恢復秩序、繁華，結束明朝舊有的腐敗和無能。從一六四〇年代末到一六五〇年代末，郯城依然延續著先前的模式。一六四九年中，沂河氾濫，沖毀了馬頭鎮下游綿延十五英里的一大片帶狀土地的秋季作物。一六五一年秋，沂河和沭河相繼氾濫，大量河水倒灌到田野，新上任的知縣只好坐船經過泡水的大地到郯城縣城就任。次年，在連番夏季大雨後，兩條河再度氾濫，摧毀了玉蜀黍和高粱作物，帶來一場冬季饑荒。一六五九年暮春，經過十六天連綿不停的大雨後，這兩條河又氾濫成災，而此時，正是冬麥和小麥準備收成之際。農民們只能無助地望著已收割的成束麥稈隨波而去，未收割的沉重麥穗沉到水面以下。[15]

更多的盜匪隨著這些自然災害的降臨而出現：一六四八年，西北山區來的土匪掠奪了馬頭鎮；一六五〇年，一群被從山東西部菏澤縣大本營趕出來的土匪，掠奪了歸昌市集，並讓附近的區域變成一片廢墟；一六五一年，另外一大群被政府軍趕出位於西北方基地的土匪，擊破了郯城縣城的防禦，四處劫掠。每一次襲擊，《縣志》都有一些沉痛的故事；姚氏，一六四八年時十七歲，當土匪把她拖出家門時，她詛咒不已，一直到土匪割掉她的手臂，將她殺死時，她還是罵個不停。孫氏，一六五〇年在盜匪的注視下，從被盜匪燒成灰燼的房子中，收撿丈夫和婆婆的屍骨，落土安葬。經歷了十五年的戰爭和掠奪而倖存未死的杜之棟，在一六五一年的襲擊中，因不願被當成肉票帶走，而在咒罵聲中於自家遭到殺害。[16]

活下來的親屬經常無法從成堆的死屍中辨識自己的親人，只能經由衣服的殘片指認，或者不情願地將死者集體掩埋。

黃六鴻一六七〇年到郯城當知縣時，發現當地人民的問題是：如何在眼前這個看似崩解的世界中，求取肉體和道德的基本生存。他在那年夏天就任後，即著手詢問地方仕紳和一般民眾對於地方的看法，下面是他對眾人回答的紀錄：

切照郯城，彈丸小邑，久被凋殘。三十年來，田地污萊，人煙稀少。極目荒涼之狀，已不堪言。復有四年之奇荒，七年之地震，田禾顆粒無收，人民餓死大半。房舍盡皆倒壞，男婦壓死萬餘。即間有孑遺，晝則啼饑號寒，夜則野居露處。甚至父子不能相顧，室家不能相保。老弱轉徙于溝壑，少壯逃散于四方。往來道路之人，見者酸心流涕，意謂從此無郯民矣！[17]

幾世紀以來，中國已發展出一套固定的格式來描述鄉村的苦難。類似上述的段落，可以在許多方志和官員的回憶錄中找到，而通常這些段落可能只是虛飾的修辭，沒有實質的內容。但至少對郯城而言，這些描述是相當真實的。在兗州府有二十七所縣城，郯城和沂州一般被認為是其中最貧困的兩區；而當黃六鴻比較這兩個地區時，他發現郯城顯然更糟。[18]明末郯城有八個緊急穀倉：縣以下的四個鄉各有一個，一在馬頭鎮、一在南邊的驛站、一在縣城、一在西北的神山。到一六七〇年，所有的穀倉都遭摧毀。當地倖存下來的富人不願再作任何捐獻或重建穀倉，他們甚至對只借出緊急用糧，由縣府以固定利息償還，直到清償所有本金的建議也不予回應。[19]同樣地，為準備府試的進階舉子所設立的六所縣學和三所社學，也全遭損毀或棄置——這些學校有人們捐贈的房舍，房舍出租的收入可以用作老師的束脩，此外還有土地和菜園——地方富豪也未加以重建。[20]與其跟鄉里分享資源，他們寧願請人在自己家裡教導子弟。一六六八年的地震摧毀了更多的縣城建築和大範圍的城牆，但即使在地震前，許多建築也早已淪為廢墟。醫學不見了，通往南邊宿遷的主要幹道上的一座橋垮了，各個廟宇也破壞殆盡。[21]

黃六鴻來自河南一個無足輕重的官宦之家，學識淵博，觀察敏銳。他通過舉人考試，郯城知縣是他的第一個職位。他的責任是試著將破碎的鄉里重新整合。二十年後，他在蘇州過著舒適的退休生活，並撰寫回憶錄和官箴。[22]他以感人的筆調描述自己如何試圖調解周遭的不幸。他顯然以相當的技巧來服務桑梓，試圖讓上司——並經由他們說服北京政府——減免當地的稅收和徭役，從寬評估開墾的土地，以便紓解幾十年來的災難和致命的地震所帶來的後果。要取得這種讓步，就必須不斷施壓，因為政府行動緩慢。而且對北京而言，全國有幾百個郯城，每一個都有自己定義的危機，每一個都需要據以評估。一六六八年的地震過了好幾個星期，戶部的官員才來檢視地震在山東中部造成的災情，賦稅減免則花了十八個月才獲核可。戶部的最後決定是，像這樣的地震應視同嚴重的乾旱或洪水，當地居民因此得到一年百分之三十的賦稅減免，這項減免並擴及到那些已經攤付今年一部分稅收的居民。鑑於本區傷亡人數的慘重，戶部也建議將郯城預估的徭役總人數減少四百人。然而，郯城的地方官卻不認為這是寬惠之舉，因為根據他們估計，地震死亡人數中大約有一千五百位，在賦役冊上登記為應服徭役的壯丁。因此政府的決定意味著地方當局得另行找出一千一百位先前未登記的男性，將他們列入強迫勞動的名冊中。[23]

在黃的回憶錄中，他想到自己在提振士氣上遭遇的一些困難，因為當地居民相信他們正身陷於一連串奪去生命所有意義的危機之中。他寫道：「鴻待罪郯東，輕生者甚多，而郯為最益。地方凋瘠，百姓貧苦，原不知有生之樂。」黃注意到普遍的不幸和無價值感，再加上郯城居民的頑悍、好鬥，導致家庭暴力的場景和自殺案例隨處可見：

「家人父子，頃刻變乎寇讎。鄰里親朋，樽俎可興干櫓。懸梁自縊，無日不聞。刎頸投河，間時而有。」[24]對此，黃的對策是羞辱那些自殺的郯城居民。他寫了一篇嚴厲的布告，下令貼在鄉村和市井中：

夫男子自盡，懸梁赴水，永作負𢓕逐浪之魂。報官不收，蠅嘬蛆咂，誰為悲哀。婦人自盡，弔索垂巾，長為閭巷陰房之鬼。呈尸待驗，露體赤身，罔知羞恥。是以父母所生之遺體，竟自毀傷，以萬劫難遇之人身，視同豬狗。此本縣所深惡而痛恨者也。爾既以遺體不惜，本縣又何惜爾之遺體。爾既以豬狗自視，本縣又何不以豬狗視爾。[25]

儘管黃說了這些話，鬼魂和夢魘的世界依然是郯城的一部分。《縣志》提到居民是如何超乎尋常地迷信：半數以上相信鬼魂和法術；他們尊敬女性師巫，這些巫者像神一樣能召喚出幽靈的世界；生病時，他們從不吃藥，而去諮詢地方的術士；鄰居常常聚集成群，徹夜祈禱，浪費在拜拜上的錢動輒達數千文銅錢，而這些錢又往往不是他們所能負擔的。[26]當地最有法力的術士之一，據說是住在城東馬陵山的「由余」。馮對這位術士極感興趣，進而調查他的先世。他發現由余應該是一位幾乎有同樣名字的秦代戰士的後裔，這位戰士曾跟幾個道家異人學習自然和長生的祕術。當由余學得上天和自然之祕的精髓後，就退隱到馬陵山的一處洞穴中，從此不食人間煙火，僅以松木維生，並因此得致高壽。[27]孔子的愛徒曾子，據信也住在郯城西北的磨山。此處曾建有石碑和一所書院，以表尊崇。雖然現在碑文已不可讀，書院也已毀棄，但當地的年輕人仍然聚集在此彈奏音樂。有時在傍晚會聽到飄渺的琴聲，卻看不到演奏者。

的確，雖然有黃的勸告，但對郯城大多數居民而言，整個官方的儒學崇祀，必定是遙不可及。克盡其責地參加一六六九年舉人考試的縣學生員，沉思著那年由山東主考官選出的三段話，他們必須寫出這三段話確切的出典並詳加解說。選自《論語》的是「知之者」，典出〈卷六雍也篇〉，第十七、十八章：「子曰『人之生也直，罔之生也幸而免』。子曰『知之者不如好之者，好之者不如樂之者』。」選自《中庸》的是「浩浩其天」，語出三十二章末，描述至誠之人：「夫焉有所倚？肫肫其仁，淵淵其淵，浩浩其天。」選自《孟子》的則是「見其禮」，語出〈公孫丑下〉，此處孟子引用孔子門人子貢對他老師的（和史家力量的）絕對讚美：「子貢曰『見其禮而知其政，聞其樂而知其德；由百世之後，等百世之王，莫之能違也。自生民以來，未有夫子也』。」[28]從這樣的段落裡，人們可以想像有朝一日郯城會被如何治理，或曾被如何治理。但結果是，沒有一個郯城的學生通過一六六九年的舉考（從一六四六年起就沒人通過，到一七〇八年為止也不會有人通過）。[29]

一六七〇年，年輕的康熙皇帝也發表了著名的聖諭十六條，講述如何在家庭和社會中維持得體的關係，並避免衝突。[30]郯城的居民想必聽到了這些箴言，因為皇帝下令將這些箴言讀給每一個城鎮和村莊的居民聽，但其功用顯然讓人置疑，居民因此常常轉而乞靈於地方版的孔子崇祀。由於地方變奏版的前提是，當地人相信孔子本人曾遊歷到郯城尋求啟示，所以至少給了當地人一種安慰，讓他們以自己的家鄉為傲。這種信念的證據見於《左傳》——原始儒家的經典之一——的一段話中。這段記載說：現在的郯城一度是小小的郯國所在地。魯昭公十七年（西元前五二五年），郯子曾拜訪過魯昭公，而孔子當時正任職其下。昭公問道：為什麼郯國所有的高官都一度以鳥名命名，郯子回答道：

「我高祖少皞摯之立也，鳳鳥適至，故紀於鳥，為鳥師而鳥名。鳳鳥氏，歷正也，玄鳥氏，司分者也，伯趙氏，司至者也，青鳥氏，司啟者也，丹鳥氏，司閉者也，祝鳩氏，司徒也，鴡鳩氏，司馬也，鳲鳩氏，司空也，爽鳩氏，司寇也，鶻鳩氏，司事也……自顓頊以來，不能紀遠，乃紀於近，為民師而命以民事，則不能故也。」仲尼聞之，見於郯子而學之，既而告人曰：「吾聞之，天子失官，學在四夷。」猶信。31

郯城的居民認為他們知道二千二百年前，孔子向郯子求教的正確地點——就位在當時知縣衙門的北門內——此處並建了一座廟宇，以示尊崇。衙門前則有一塊更有名的牌坊，宣示大致的方位。同樣地，人們相信孔子在和郯子談過話後，曾攀上城東的馬陵山，並從高處眺望大海。這座高丘以孔子之名命名（孔望山），同時興建了一座「問官祠」對他表示敬意。官員也許會用「據說」或「居民相信」來修飾他們對這些故事的陳述，但他們卻在聖蹟上題滿了自己的詩作。一六六八年的地震後，這些聖蹟是第一批被修復的建物。山上的祠堂緊鄰由余的靈穴，或許彼此都從對方的存在獲得名氣。32

黃六鴻接納了它們，並讓兩者並存，因為它們是現存的聖蹟。但對許多散布郯城各地，威脅到他的秩序觀的廢棄廟宇，則加以譴責。[33]他覺得這些地方是放蕩的情侶、流浪漢和謀反者的集會溫床，應該派人定期巡查，必要的話，也可以用門板封起來。因為對黃來說，每一件脫軌的行為都會增加郯城的不幸，欲望的流布則是道德低落的確證。他指控已婚的婦人和未婚的少女不待在她們應該待的屋裡，反而濃妝豔抹打扮得花枝招展。她們在河邊閒逛或乘著新奇的車馬上山，說是去拜神或禮佛；但到了山上，男女成群，雜遝一處，嬉戲於僧道之室。他們是「花迷蝶戀」。黃六鴻讓更多墮落的例子現形：在路邊閒逛的年輕男子用黃色笑話嘲弄女性；女性被自己的熱情左右，拿出琺瑯頭簪作為定情之物，舉止跟一般妓女無異；丈夫出租妻子，僕人慫恿主人，三姑六婆充作淫媒，尼姑玷污庵院，穩婆除了接生新生兒外，還提供其他服務。人變得像狗一樣，在後門「縱其往來」。[34]

一六六八年，蒲松齡正和表兄在煤油燈旁飲酒時，聽到地震的轟隆聲，從郯城的方向朝西北竄來：[35]

桌子開始搖動，酒杯翻倒，我們可以聽到屋梁和柱子斷裂的聲音。我們面面相覷，嚇得臉色發白。過了幾秒鐘，我們才知道是地震，急忙衝到屋外，看到樓閣房舍倒了又起來，聽到牆壁房屋崩塌的聲音，男人、女人的尖叫聲，喧鬧如鼎沸一般。居民頭昏眼花站不住腳，坐在地上，和大地一起搖動。河水漲了一丈多。城裡充滿了雞叫狗吠的聲音。大約一個小時後，開始恢復平靜。在街上，可以看到赤身裸體的男女群聚在一起，激動地訴說自己的經歷，完全忘了沒有穿衣服。（附錄1.1）

蒲松齡生於一六四〇年，大半生在淄川縣城度過。淄川位於山東中部山區的北麓，南與郯城接壤。他的家鄉倖免於一六四三年滿洲掠奪的恐怖——雖然他們還是經歷了預期事件發生的驚恐——他自己對一六四〇年代初期的痛苦，也少有個人的回憶。但是出現在他故事中的記述，如：那些年的饑荒；難民家族南行時魚貫地行經沂州，死於路旁；男子被土匪擄獲，賣給滿洲人，並在他們的土地上工作；寡婦在丈夫死後，艱苦的固守耕地等，都給人一種翔實的感覺，像是他的同鄉、朋友或族人等劫後餘生者訴說的故事：[36]

一六四〇年（崇禎十三年）有一次大饑荒，發生了人吃人的情況。有一天，在淄川當捕隸的劉某，碰到一對哭得很悲哀的男女，就問他們有什麼困難。他們回答說：「我們結婚已經一年多了，但是現在遭逢荒年，我們沒有兩全之計，只好慟哭。」

不久，他在一間賣油鋪前又看到這對夫妻，似乎有所爭執。劉趨前詢問。姓馬的店鋪老闆向他解釋：「這個男的和他太太快餓死了，每天都來求我給他們一點麻醬維生。現在男的又想把他太太賣給我。不過我家裡已經買了十來個女人，根本不差她一個？如果她便宜，我就買；如果不便宜，就算了！他卻一直這樣纏著我，真是莫名其妙。」

對於這番話，男子回答道：「穀子現在貴得跟珍珠一樣，除非我最少能弄到三百文錢，否則根本付不起逃到別處的盤纏。我們兩個都想要活下去——如果我賣掉她，卻仍然籌不到足夠的錢逃掉一死，那又何必如此？我不敢冒犯，只求你發一點慈悲心，九泉之下會有好報的。」

劉聽了之後覺得他們很可憐，便問馬願意出多少錢。馬說：「在這個時候，一個女人大概只值一百文。」

劉請他不要壓低價錢，同時也表示自己願意出一半的錢，但馬不同意。年少氣盛的劉對男的說：「他是一個卑鄙不足道的人，我願意如數相贈。如果你能逃過這場災荒，並和妻子廝守在一起，那不是最好的事嗎？」於是從行囊中拿出那筆錢給他們，夫婦哭謝著離開。（附錄1.2）[37]

蒲松齡七歲那年，家鄉發生了嚴重的災害。那年夏天，謝遷率領的土寇謀取淄川，並在當地固守了兩個多月，而一支滿洲軍隊則慢慢集結，準備奪回這個城市。[38]《淄川縣志》在一六四七年項下，盡都是死亡和男女自殺的記載，正像郯城在一六四三年一樣。如果我們可以根據蒲松齡後來的一篇故事的序文作判斷的話，官軍可能比他們要驅逐的叛軍好不到哪裡去。他說：「凡大兵所至，其害甚于盜賊。蓋盜賊人猶得而仇之，兵則人所不敢仇也。其少異於盜者，特不敢輕于殺人耳。」[39]

蒲也被大規模的于七之亂深深打動，這場叛亂在一六六一年十一、十二月間在山東東部結束。他描寫大規模的處決和萬人塚——埋葬那些無法辨認安葬的死者遺體——濟南木匠因為製造木棺而發了一筆小財，直到較好的木材缺貨；一支叛軍出其不意地折回，逃亡者只好躲在一堆屍體中。他也描寫逃到山區洞穴避難的家族，最後卻被誘陷殺害，財物也被焚毀。在這場叛亂（以及其他的叛亂）中，他看見在難民之間逐漸模糊的階級和地域界線所帶來的社會變動：仕紳階級如何在自衛行動中轉而領導盜匪，或短暫地沉醉於個人的勝利；一位士大夫如何被迫娶了匪徒之女，最後卻像愛太太一樣愛上她。他描寫那些宣稱只殺「不義之人」的強盜；一對貧困的夫妻慎重其事地討論，是要男的去做盜匪，還是女的去做娼妓；一支山東幫灼燒殷實大戶成員的雙腳，強迫他們說出財富的藏匿處，然後打開這家人的穀倉，讓村裡貧困的飢民好整以暇地掠奪。[40]

這整個時期，橫亙在淄川和郯城間的山區是土匪的根據地，他們會探查山谷中的城鎮哪些較無防禦，然後向北或向南襲擊。郯城西邊的滕縣和嶧縣都以棘手的盜匪而惡名昭彰，並成為其他縣志嘲弄的對象。[41]蒲氏在一篇極短的故事中，語帶譏諷地描述了這個情形：[42]

順治年間，滕縣和嶧縣一帶，每十人有七人是盜匪，官員卻不敢全部逮捕。後來，盜匪接受招撫，知縣們把他們歸為「盜戶」。每當這些盜戶和當地善良百姓有衝突時，知縣總是曲意偏袒盜戶，惟恐不如此，他們會再起來叛變。因此，有些訴訟當事人常假稱為「盜戶」，對手則竭力揭露他不是盜戶：往往雙方各執一詞，在判別案情的是非之前，必須先決定盜戶之說的真偽，大部分的時間就花在檢查戶籍資料上。

碰巧在知縣衙門中有許多狐仙，因為知縣的女兒被狐仙迷住，他就請了一位術士。這位術士用咒語把狐仙捉到瓶子裡，然後把瓶子丟到火裡。瓶中一隻狐仙大叫，「但我是盜戶啊。」聽到的人無不暗中竊笑。（附錄1.3）

當蒲松齡努力去定義他在其中成長、卻無法表達的那個世界時，他就會在許多故事中，將幻想和現實用上述的方式融合。因為他對諸如此類的地方信仰深感興趣，所以有時會嘲笑某些信仰為迷信，有時卻對某些信仰深信不疑。他對一種可以算作山東特產的口技特別感興趣，並描述一位精於此術的山東神姑如何辛苦地做起生意：[43]

有一天，一位二十四、二十五歲的女子來到村中。她帶了一袋草藥，並推銷她的醫術。有人前來問病求教時，她就說自己不能提供藥方，必須等到天黑請教諸神。當晚，她清出一間小房間，把自己關在裡面。一群人擠在門窗外，豎耳傾聽、等待著。有人竊竊私語，但沒人敢咳一聲，屋裡屋外一片死寂。夜幕降臨，突然間他們聽到簾子撥動的聲音，裡面的女子問道「九姑，是妳嗎？」

一個女人的聲音回答道：「我來了。」

女子又問：「臘梅和妳一起來了嗎？」聽起來像女僕的女孩回答道：「對，我來了。」……

過了一會兒，他們聽到九姑要文房四寶，然後是折紙的聲音、拔毛筆套的清脆聲音、在硯台上磨墨的聲音。再過了一會，是毛筆丟在桌子上的刺耳聲，接著是把藥包成一小包一小包的沙沙聲。又過了一會兒，年輕女子掀起簾子，招呼病人進來拿藥和藥方。（附錄1.4）

蒲氏補充說，圍觀的群眾真正相信精靈曾經現身，雖然藥方對病人並不是十分有

效。

另外有一次，蒲松齡跟朋友住在山東的一處村莊。這位朋友生病了，有人建議蒲去梁氏家——她是一位靈姑，能召喚精於醫術的狐仙：[44]

> 梁是一個四十歲左右的婦人，看起來格外機伶，好像自己就是一隻狐狸似的。我們進入她屋內，套間中掛著紅布的簾幕。我從簾幕後偷看，看到牆上掛了一幅觀音像，還有兩、三幅卷軸，上面是一個騎馬的人，手裡拿著矛，後面跟著許多隨從。在北面牆角有一張桌子，上面有個不到一尺高的小座位，座位上有一塊刺繡的墊子。她說每次狐仙來時，就坐在那裡，我們都點香禮拜。婦人在磐石上敲了三下，並喃喃自語地說了些聽不清楚的句子。祝禱結束後，她客氣地請我們坐在屋外一張長椅上，自己則站在簾幕邊梳理頭髮。然後，她兩手托腮，向我們一一訴說狐仙的靈蹟……她剛說完，我們就聽到房間裡一陣細碎繁密的聲音，像蝙蝠飛行時發出的叫聲一樣。我們正凝神細聽的時候，桌子突然傳出一聲巨響，彷彿有人砸下一塊大石頭。「你真的嚇死人了！」婦人轉過身道。然後我們聽到有人在桌子上嘆息和喃

喃低語——聽起來像依然健朗的老頭的聲音。婦人用一把芭蕉扇把小座位掩蓋起來，椅子上傳來很大的聲音「有緣啊！有緣啊！」（附錄1.5）

在傲人的起步後，蒲氏這時的生活是悲哀的：他很早——十八歲時——就通過秀才考試，贏得當地士大夫和官員的一致讚賞，但他卻永遠無法將這些讚美轉換為舉人考試上的成功，而後者正是仕宦和財富之階上不可或缺的第二階段。終其一生，隨著學識的增進，他一心一意追求較高的學位，但始終與中舉擦肩而過。一直到七十一歲，才經由特別的恩賜，在帶有敬意的反諷中，獲頒舉人頭銜。[45]

他溫和地告訴我們，他在子女和妻子的個性和無怨的忠誠中找到一些慰藉：

時僅生大男箬，（妻）攜子伏鼪鼯之徑，聞跫音者而喜焉。一庭中觸雨瀟瀟，遇風喁喁，遭雷霆震震謖謖。狼夜入則塒雞驚鳴，圈豕駭竄。兒不知愁，眠早熟，績火熒熒，待曙而已。

（妻劉氏）少時紡績勞勸，垂老苦臂痛，猶績不輟。衣屢澣，或小有補綴。非燕

> 賓則庖無肉。松齡遠出，得甘旨不以自嘗，緘藏待之，每至腐敗。[46]

最後一句話的反諷相當真實，因為他在自己家裡的一些快樂時光，不斷受到干擾——這些干擾包括母親和妯娌之間的爭吵，以及父親在仕途和商場的徵逐中兩皆失利後，一家人陷入徒有排場的貧窮之中。

就在一六七〇年代這十年間，當蒲氏待業在家，或孜孜矻矻地為當地仕紳家族做書記、教師時，他將驚人的故事和札記寫成《聊齋志異》一書。我們從蒲氏自己的敘述中，知道這些故事的來源相當廣泛，包括他自己的想像、早先的蒐集、朋友、旅途中結識的旅人，以及愈來愈廣的通信圈。從他自己在故事中所作的評論，我們也知道許多故事帶有其兒時山東經驗的色彩，而親戚的回憶在此也頗有助益。根據他三十九歲時為本書附加的序言，這項工作對他而言變得益發艱難，他在孤寂中寫道：

> 獨是子夜熒熒，燈昏欲蕊；蕭齋瑟瑟，案冷疑冰。集腋為裘，妄續幽冥之錄；浮白載筆，僅成孤憤之書。寄託如此，亦足悲矣！嗟乎！驚霜寒雀，抱樹無溫。吊月

秋蟲，偎闌自熱。知我者，其在青林黑塞間乎！47

然而蒲松齡不單單只是沉思冥想。他能精確的回想自己的過去，並捕捉童年和戲法合而為一的時刻：48

小時候，有一次我到府城去，正好碰到春節。依照當地的習俗，在除夕夜時，各行各業的商人都要用彩帶裝飾店面，並在絲弦鼓樂聲中遊行到藩司衙門。人們稱此為「演春」，我也跟著幾個朋友一起去看熱鬧。那天在街上閒逛的人擠成一道道的人牆，衙門前面的椅子上坐著四位面對面、穿著紅袍的官員。因為那時我只是個小孩子，不知道這些官員的官階為何；滿耳盡是群眾講話的嘈雜聲和鼓樂聲。

突然間一名男子領著一個披頭散髮的男孩，挑著一根扁擔登上階梯，走近官員坐的地方。他看起來好像正在解釋什麼，但是在無數的聲音浪潮中，我無法拼湊出他實際說了什麼話。我可以看見階梯上面的官員哈哈大笑，一位衙役則對著男子大叫，要他變戲法。

「要變什麼戲法？」男子聽到命令後站起來問道。

官員們商量了一會兒，然後要侍從去問他有些什麼拿手戲。

「顛倒大自然的次序，」男子回答。在侍從回報後，官員們商量了一陣，然後侍從回到男子身邊，吩咐他去弄顆桃子來。

變戲法的大聲回答，說會照吩咐去做。他把外套脫掉，放在一堆帶來的竹箱上面，然後假裝向兒子抱怨：「官爺們可真給我出了一道難題，地上的冰還沒融化，我要怎樣才能弄到一顆桃子呢？我害怕大人們會對我動怒。」

兒子回答道：「爹，您已經答應了，現在看您要如何料理這件事？」

變戲法的沉思了好一陣子，忽然高聲道：「我想到一個好辦法了。現在是早春，我們在地上永遠找不到桃子。只有在天上王母娘娘的花園裡——那裡的東西四季都不凋零——我們可以找到一些桃子。我們必須上天去偷一些來。」

「怎麼可能！」男孩叫著。「您認為有樓梯可以讓人爬上天嗎？」

「我自有辦法，」父親回答。然後從他的竹箱裡取出一捲看起來有四、五十英尺長的繩子，整出其中一端丟向空中。繩子停在天空筆直地垂下來，好像被人固定在某樣東西上。然後他慢慢放出繩子，繩子緩緩升高，探入雲霄，直到他手中的繩子都放完為止。「來吧，兒子！」男子說道：「我又老又弱，身體沉重、關節僵硬，永遠沒辦法爬到上面，必須得你去才行。」接著他把繩子的一端遞給了男孩，說：「如果你抓住這繩子，就可以爬上去。」

男孩一面拿起繩子，一面生氣地抱怨：「爹，您真老糊塗了！您怎麼能指望我用這樣一根細繩子爬到九重天上去。如果上到一半繩子斷了，我豈不是粉身碎骨？」

但是父親強硬地催促兒子前行：「我話已經說出去了，現在沒法反悔了。我勸你還是走一趟。這對你不是件難事，而且當你帶著戰利品回來，我們一定可以得到一百兩賞金。我們可以用這筆錢給你討門漂亮的媳婦。」於是男孩抓住繩子，一扭一扭地順著繩子往上攀爬。只要他的手抓住一點，腳就像蜘蛛網上的蜘蛛一樣，立刻跟進。最後聳入雲霄，不見人影。

過了一段時間，一顆像碗一樣大的桃子掉到地上。變戲法的很高興，把它呈獻給官員。官員們傳來傳去，細加檢查，許久都無法確定真偽。突然間繩子砰的一聲掉落在地上，變戲法的驚慌說道：「啊，糟了！上面有人割斷了我們的繩子。我兒子會不會怎麼樣？」過了幾秒鐘，一個東西掉到地上。男子緊盯著它看，發現是兒子的頭。他雙手捧著頭哭訴著：「天上守桃的人發現有人偷桃子，他們殺了我的兒子！」

然後一段一段，先是一隻腳，接著是剩下的肢體，掉落地面。陷入悲痛之情的父親把肢體一一收拾起來，放進竹箱裡。「我是一個老人，」他說：「這是我唯一的兒子，每天跟著我南北奔波。現在，因為服從嚴父之命，突然遭到這種橫禍。我必須帶走他的屍體埋葬起來。」說完，登上官員們的坐席前跪了下來：「為了這顆桃子，各位害死了我兒子。可憐可憐我，幫我付他的喪葬費，我一定會報答你們的。」

在座的官員——他們既害怕又吃驚地目睹了剛才發生的一切——都給了他一大筆銀兩。變戲法的拿了這些錢，塞到腰間的袋子裡，然後在竹箱上輕輕敲了一下，叫道：「嘿，小傢伙！出來謝謝大家的慷慨。你還在等什麼？」說完，一個滿頭亂髮的男孩用頭撞開了箱子，轉向官員鞠了個躬。他正是變戲法人的兒子！

從很久以前的那一天到現在，我一直記得那個神奇的戲法。後來有人告訴我，說

白蓮教的信徒也會這種法術。說不定這對父子是他們的傳人呢？（附錄1.6）

最後幾句話或可修正童年時期目睹的那場戲法，但成年後，蒲松齡依然會做一些自己的夢，並重新捕捉那些夢境：[49]

有一次，我在畢刺史的客房裡做客。他的花園裡花繁木盛，閒暇時，我們會一起在裡面散步，所以我可以完全享受那裡的美景。有一天欣賞園景回來後，覺得異常疲倦，就脫掉鞋子上床，夢到兩位衣著亮麗的女孩來到面前，提出下列的要求：「我們想請您幫個忙，因此斗膽如此打擾您。」

我站起來，吃了一驚。「是誰想見我？」

她們回答道：「是花神絳妃。」

在困惑中，我不能確切了解她們在說些什麼。但我還是離開房間，隨她們而去。不久我們前面出現了高聳入雲的廳堂和庭院，建築物的底部是石製的階梯，攀援而上。在到達頂部前，我們一定登了一百多層的階梯。我看見一扇大開的紅門和兩、三位女孩，她們前行通報有客人來訪。不久，我們來到一座廳堂外，門栓是金的，屏風是綠的，閃爍著刺眼的光芒。一名女子從屋內階梯走下，腰間的飾物叮噹作響，看起來像位王妃。

我還來不及向她致敬，她先開了口：「先生，冒昧地麻煩您來這兒，我應該先謝謝您。」說完，她叫侍從們在地上鋪了張毯子，好像要向我行大禮。

我覺得自己被搞迷糊了，不確定該如何反應，所以我對她說了這些話：「我只是草莽微賤之人，妳召喚我來這裡，已使我受寵若驚。我哪還能接受妳的行禮，那會折損我的福壽。」

於是她命令侍者收起毯子，擺了一桌宴席；我們坐下，面對面吃起來。喝了幾杯酒後，我對她說：「我喝了一點酒就會醉，恐怕會有舉止不禮貌的地方。如果妳願意告訴我召喚來此的目的，可以大大消釋我的疑慮。」

她沒有回答，反而要我喝下另外一大杯酒。我一再問她召喚我來的原因，直到最後她回答說：「我是花神。我的家人都很嬌弱，且都以此地為家。但是風常派他的爪牙至此，給我們帶來很大的傷害。現在我決定直接向風提出挑戰，因而召喚你來為我起草挑戰書。」

我惶恐地回答道：「敝人學識疏陋，恐怕會讓妃子不悅，但是妳的命令讓我感到恩寵，願意效微薄之力。」她聽了這番話很高興，帶我上殿，給了紙筆。所有的女子都忙起來，擦桌子、抹椅子、磨墨潤筆。一位頭髮垂下的年輕女孩為我折紙，並幫我把紙固定在手腕下。我才寫完一兩句，這些女子就迫不及待地擠向前，從我肩後窺讀。我一向寫得很慢，這次卻覺得文思泉湧。

稿子很快就擬好，這些女子連忙拿給絳妃看。絳妃看了說稿子完美無缺。聽了這句話，女子們護送我回到家。醒來後，我清楚地記得那個情景的每個細節。但是我寫的那些話，卻多半流逝。（附錄1.7）

為了怕忘掉發生在他周圍的故事，蒲松齡會試著立刻把它們寫下來，通常他也會描述正確的出處，似乎是要讓後世感受到他的誠實。因此在唯一一件可確定發生在郯城的故事中，他告訴我們一六七〇年秋的一個雨天，他在南行途中，躲在沂州一間小旅館裡避雨時，一名書生向他出示了這篇故事的全部手抄本。故事是關於一個住在郯城縣南，紅花埠驛站的讀書人，同時和兩名女子發生了一段風流韻事。就像蒲氏許多故事中的女子一樣，這兩名女子迫不及待地把自己奉獻給這個讀書人。後來他才知道，她們兩個人都是妖精，一個壞的，一個好的，她們命定要過著流浪鬼魂的陰暗生活。經過一段複雜的情節，其中牽涉到許多魔法、死亡和重生，兩個鬼魂似的幽靈被驅除，原犧牲者的屍骨得到安置。書生和兩名被賦予人形、獲得新生的女子一起過著平靜的生活。這是一個關於幻想、淫蕩和不安的故事，並且也是對當時時空的適當評注。[50]

第二章

土地

The Land

一六七一年一月，郯城下了一場不尋常的大雪。在山東大多數的年歲裡，雪都是好兆頭，因為它可以保護冬麥苗免受酷寒的侵襲，並確保來春融雪期的穩定生長。乾燥或寒雨反倒是糟糕的威脅，如果是下雪，新年節慶的慶祝會特別喜悅。但今年雪下個不停。黃六鴻出騎檢視郯城和沂州邊境的一些耕地，發現河上的冰結得很厚，他的坐騎不時在深及馬腹的雪中踉蹌而行。《縣志》上說：「大雪平地皆深丈餘」、「几莊村林木之處，雪之所聚，高皆與之齊等。室廬盡為埋沒，百姓多自雪底透窟而出。村疃不能往來者數日。鳥雀、獐兔、花果之類，凍死絕種。人有不得已而出行者，凍死于塗，不可勝數。真異災也！」[1]

然而這只是一場地方性的災害，沒有擴及到整個區域。再加上中央政府沒有大幅的蠲免，稅吏必須開始補足一六七一年的配額。

這個時候的郯城，是一個小而窮困的縣分。作為行政區域，它的地形十分奇特。主幹是一塊約十五英里見方的塊狀土地，兩邊則各有一塊長二十五到三十英里的鉗形土地朝北捲起。南部土地肥沃，是郯城縣治郯城和主要貿易中心馬頭鎮所在。這兩個城鎮毗鄰而立，介於直接流經縣境、最後注入黃河的沭河和沂河之間。兩塊鉗形的土地地勢崎嶇，部分區域多山，中有小河交叉流過，從縣城竟然無法到達。介於兩個鉗形物之間的肥沃谷地，應該可以讓郯城富裕些，但該地卻登錄為比郯城稍大，並略微繁華的北鄰沂州的一部分。[2]

郯城是個農業縣，沒有什麼物產。《縣志》除了列舉當地製造的三種棉絲混合布外，就沒有別的了。也沒有太多貨物經過此縣，只有馬頭鎮有較多商業活動，除了東邊外——此處的交通被馬陵山的綿長山脈所阻斷——這類活動皆由陸路通向各方。而當有足夠的夏雨維持水位時，還可以沿著沂河往南北走。

這是中國的冬麥和高粱產區，少雨，夏熱而冬寒。在郯城，和小麥、高粱兩種主要作物一起生產的農作還有玉蜀黍、大豆和芝麻、蕪菁和其他根莖蔬菜、甜瓜和南瓜、一些可食的青菜以及蔥和蒜、芹菜及茄子。出產的水果有桃子和杏、李子、梨及櫻桃。此外還有胡桃和栗子，以及一些可以捕獵的野生動物和禽鳥——野兔、鹿、鴨子、鵪鶉、鴿子和雉。至少這是風調雨順、穀物豐收時的情形。[3]

在這些冬季作物的區域，農家少有喘息的機會，收穫完緊接著是播種而不是休息。一旦積雪融化，前一年十月種下的冬麥苗開始堅實地成長，農民就得在休耕地上進行第一次翻土，並把從家裡和庭院中帶來的天然人畜肥料施澆在耕地上。五月初，他們將田地深耕，準備種高粱和玉蜀黍（如果有馱獸就用馱獸，不然就由一組人來耕）。農民們將一把把由種子、肥料和壓碎的大豆粉做成的混合物，以大約每把間隔一英尺的距離，仔細撒入田畦中。他們用沉重的木耙犁平田地，然後用石製滾筒把軟土壓實——那些沒有滾筒的人，則用他們的雙腳將土壤踩實。如果天氣良好，三、四個星期後，幼苗會長到約三吋高，這時必須用鋤頭仔細地除草。一星期後，必須將雜草一排排除去，並填實每一根幼苗根部的土壤，這樣幼苗才會長得直挺。在幼苗成長期間，這類除草和填土的工作必須一再重複。

六月初，其他田裡的冬麥已經成熟並準備收割。農夫用人力把麥莖拔出田地，捆成一小捆一小捆，然後以人力扛負或用手推車運至打穀場。小麥送到打穀場後，接著將收割過的田地稍事翻整，撒下一排排的大豆種子（小孩可以做的簡單工作），然後耙土覆蓋。除非碰巧有剩餘的肥料，否則不用施肥。但這些大豆必須每隔幾天除一次草，而農民們此時需要的是炎熱的氣候和夏雨。隨著大豆的生長，高粱和玉蜀黍也到了準備收割的時節。八月末，農民進行收割，並將收成運到打穀場。蕪菁、包心菜和其他一些蔬菜則經由晒乾或醃製等處理，然後儲存起來。這裡沒有果園，水果是在成熟時從一棵棵個別栽種的果樹上摘取下來。九月間田地休耕，十月初撒下冬麥的種子。如果十月底可以見到幼苗，來年豐收的機會就相當大。[4]

就像十七世紀中國其他縣分一樣，郯城每年都必須將固定的歲入額度，上繳北京。歲入的主體——用來支付各縣的地方開銷，和繳交中央政府規定的稅額——由兩種賦稅方式提供：一是土地稅，一是以成年男子為對象的丁口稅（通常用現金支付，偶爾也用徭役）。因為農夫們幾乎不可能一次付清全額，於是政府替他們設定付款分期的期限，然後按時間表支付：[5]

每年農曆二月	20%
三月	10%
四月	10%
五月	5%
六月	5%
七月	15%
八月	15%
九月	10%
十月	10%

冬季最冷的三個月份，不須繳付任何稅款。

就郯城而言，當農曆二月來臨（陽曆三月中旬到四月中旬），也就是在縣民們熬過寒冬，而紡織品和其他手工藝品也銷售告罄時，繳稅的時節也跟著到了。晚春的賦稅在小麥和大麥收成後繳交；秋稅在高粱、大豆和玉蜀黍收成之後。而在兩次收成間的酷熱盛夏月份裡，則以低稅率來減輕負擔。

九個付稅的月份中，又將每一個月進一步分成兩個十五天，所以農夫和稅吏每年有十八個付稅期。在每十五天的稅期結束後，稅吏接著用五天的時間來追查欠稅者，下一個五天則用來課徵罰款。

這樣的制度只有在相互監督、層層負責的完整架構下才能夠運行。郯城縣劃分為四個鄉，每一個鄉又分成八個里或社。每個社各有一位社長，由知縣指派，任期一年或更長。社長的責任在確保轄區內更小的單位——細分為村、五戶組成的甲，及個別的戶——準時繳稅。6

在十四、十五世紀明朝統治初期，這些地方稅吏通常本身就來自有權勢的地主家庭，可以料想他們會給欠稅的家庭帶來何等巨大的壓力。這個職務被視為一種榮譽職，有時甚至還會蒙皇帝集體召見。但是到一六六〇年代清朝開國期間，這個職位已不再那麼令人垂涎，也不再有同樣的榮譽意涵——雖然在郯城縣，還是有一些社長受到普遍的尊敬，並且關係良好。郁純就是一個例子。他是秀才之子，在一六四一年的戰役中，成功地守衛郯城。在一六四四年滿清征服中國後那段慘澹的日子裡，他持續在收取稅收上有突出的表現，知縣因此公開表揚他的熱忱。（他有兩個親戚也是社長，或許郁家在該領域有特別的專業，或特別的關係。）一六七一年，郁純依然健在，高齡九十，黃六鴻為了表示敬意，還特別為他舉辦了一場宴會。不過對許多人來說，這個工作卻是一件苦差事。通常每個社會指派兩人分擔此一職務，另外派一位衙役協助兩人解送稅款。[7]

郯城在一六七〇年總人口約六萬人，如果四個鄉每一鄉有一萬五千人，那麼每個社約有一千八百五十人，散布在十二個或更多的村落中。這些居民中，約每六人就有一個被登記為「丁」。他們介於十六歲到六十歲之間，因而必須服徭役，或者繳付一定的稅額來取代徭役。

由於清朝的統治者關心如何完全掌控其子民，所以在這套為徵稅而建立的登記制度之外，又（至少在理論上）建立了一套人們所熟知的登記系統，即保甲制度。在很多方面，後者跟收稅單位重疊，但是保甲制度具有更特別的警察和民防功能。在這套制度下，郯城的居民被納入一個層層相屬的系統中——從個別的家戶，到十戶一甲，十甲一保，然後到縣裡的每一個鄉。同樣的制度稍加修訂後，用於郯城和馬頭鎮兩個主要的城鎮中心，以及鄰近人口更加稠密的郊區。至於人口少於一百戶的小村莊，或偏遠阻隔的聚落，則有另一套修正版可用。雖然有二十二個地區劃歸為「集」，但郯城和馬頭鎮是當時縣裡僅有的兩個大型都會中心；這些集跟縣內劃分的三十二個社有所重疊。[8]

政府也期望每一個平民家庭以性別、關係和年紀列出所有的成員，包括僕人和雇工——這是所謂的保甲戶籍，在地方發生犯罪等緊急狀況時，可用來互相保全、承擔責任。雖然上層仕紳、科生、和尚、尼姑以及男女道士沒有包含在保甲名冊中，但是他們的名字也必須列在個別的名單上。[9]約有五分之二的家庭需要在緊急時期提供一員民兵，因為他們或是家中沒有任何有科名的成員，或是沒有人以任何方式服務於衙門或地方政府組織，或是不符合一家之主是寡婦或沒有子嗣的規定，而未得豁免。[10]

所有這些策略和規定據說都在郯城施行，但對稅收卻沒有什麼效果：到一六七〇年，郯城縣已連續十三年拖欠稅款。[11]

至少在理論上，郯城的基本稅率並不為過。登記有案的個別男丁稅為每年一百二十個銅錢（零點一二兩；注：一兩為一盎司的銀，官價等於一千個銅錢），以九千四百九十八人計算，一年稅收一千一百四十兩（二百四十二名仕紳和有科名者不必付這項稅款）。基本的耕地稅率是每畝十五點七個銅錢（一畝是六分之一英畝），以八十二萬八千二百二十三畝登記有案的耕地計算，一年帶來的稅收略超過一萬三千兩。基本的支出可輕易地從這些歲入抵銷：七千三百多兩必須送到北京的戶部；一千一百二十五兩用作知縣本人及其信差、挑夫、門房、轎夫，和民兵及巡捕的薪水。還有其他次要的花費，包括祭典供奉、考生的獎賞、縣內驛站的巡邏人員和監獄維護的費用。乍看之下，這些費用似乎在既有稅收上再加少量的附加稅即可應付，特別是因為正規駐軍的主要費用可由省來支付，而傳統上郯城河工的徭役配額也不多。[12]

郯城持續的財政危機，最重要的原因是因為它在地理位置上，位處於兩條南向主要幹道的東邊那一條上。這條重要的戰略道路通往浙江，再由浙江連接南藩耿精忠的基地。這條道路既是作為軍用補給品的運輸線，也是政府經由驛遞系統傳送訊息的主要管道——不管是緊急的還是例行的。[13]這意味在任何時間，郯城的居民都可能為維護道路或運輸服務的額外要求所苦，此外還要花不少經費照顧過境的官員及其隨從。這種情形又因為這整個區域的相對貧窮和馬匹、驛站的匱乏，而變得更加複雜。郯城驛站的服務範圍涵蓋北到沂州的四十英里路，南至峒峿的三十多英里，往西則不僅要包括到益興的六十英里，還要加上越過益興後的二十五英里路，因為益興沒有自己的馬匹。[14]政府從郯城的稅收中撥出三千三百六十兩作為秣料、馬夫和信差的薪水，以及裝備和其他馬房設備的花費，但這筆款項完全不夠支付上述各項費用，更別提獸醫費和添購額外馬匹的花費。結果就像馮可參在《縣志》中說的，郯城的地方官不是被迫延遲上繳正常的稅收，就是忽略他們所照顧的馬匹。（馮知道他在說些什麼，因為他自己正是由於這些原因而被革職。）此外，當地貪污的誘惑極大，因為秣料很貴，而兩個驛站中每匹馬每年的津貼是三十二兩多一點。如果一個人可以取得掛名但未實際服役的馬匹津貼，他顯然可以弄到一大筆錢。這筆錢遠超過虛報馬夫或士兵員額所可能得到的報償，前者一年賺十二點四兩，後者一年的薪水則只有六兩。

從十六世紀末開始，中國各地進行了一連串的改革，這些改革將過去的勞役和傜役稅改用白銀支付。及至一六七〇年，郯城的居民已用銀錢支付大多數的賦稅，但是依然保留了幾種徭役：例如收集大量的柳枝，捆綁後用來支撐黃河和大運河上的堤防；引導軍馬到各個駐紮地；護送運載補給品的騾隊；以及提供特別的木材給工部興建宮殿——這些木材必須一路運送到五百五十多英里外的北京。[15]此外，雖然習慣上由於郯城的貧窮以及該地與主要水路的間隔，而沒有要求該縣工人在黃河及大運河上服役，但這項政策先是在一六五〇年代初，後來又在一六六六年、一六七〇年為了南方駱馬湖的疏浚和築堤工程而有所改變。黃六鴻曾提到郯城居民被送到近一百英里外，在食宿不良的情況下，從事這項耗資百萬兩的工程。他感慨道：「民之流亡者，未盡復業。地之荒蕪者，未盡開墾。」[16]

無疑地，在地震前幾年，政府依照地方的受災程度，十分寬大地減少了基本的名額。因此，在明朝末年，郯城應服徭役的男丁原有四萬零二人；這個數字在一六四〇年的饑荒中，由於死亡或逃亡而減少了三千五百四十人；在一六四一年又減少二千七百三十四人——這些人都是在土匪摧毀馬頭鎮及鄰近的集鎮時遇害。同年末，又因為土匪襲擊後接踵而來的傳染病，減少了七百九十人。所以當清軍於一六四三年襲境時，縣裡可以服徭役的男性已降為三萬二千九百三十八人。《縣志》記載說：這場屠戮非常殘忍，

「十者僅存三、四」；如果我們相信這則記述，用百分之三十的存活率來計算，那麼攻擊過後將只剩下九千八百八十一名可服徭役的男性。這個數字跟一六四六年政府分配給郯城縣的九千九百二十七人的新配額，相當一致。在經過清初的移民遷徙後，又因為一六六八年的地震，讓這個數字進一步降到一六七〇年的九千四百九十八人（然而，就像我們前面所看到的，地方官並不覺得這個數字真正反映了實情）。同樣地，正式列名的鄉鎮數目由八十五個萎縮至三十二個，得以課稅的耕地面積，在同一時期也幾乎減少了三分之一。[17]

登錄有案的耕地面積下降，顯示下面兩種可能性：一是勞力極度短缺，以致郯城大部分的耕地遭到棄置；要不就是當時的混亂情勢，讓地主們得以將自己的土地從稅冊上除名，並一直保持這種狀態。如果第二個選項是對的，那麼大地主自然是比擁有小片土地的農民更能發揮影響力，來達到他們想要的結果——而且他們所得到的租稅利益可能比表面上看起來還要大，因為註籍的「花地」事實上可能包括兩、三英畝貧瘠的土地，而這兩三英畝土地生產出的作物，可能可以和一英畝良田相當。[18]《縣志》上說，當郯城的土地被評為九點制中的最低一級時，這塊地絕對是非常糟糕——很容易遭沂河、沭河或其支流的洪水淹沒，整個夏天都泡在水裡：指望從這種耕地上定期收穫，就像「石田之望歲」，而且充其量只能「十值其一」。但是《縣志》中既未提到有多少居民希望登錄在這一類耕地中，也沒有提到是否有任何有能力將地上積水有效排除的地主家族，曾被重新劃歸到較高的稅率等級。

有時，各式各樣的困境會相互重疊，像位於郯城和沂州交界處鄰近沂河的峰山社一帶，就是一個例子。由於這裡的稅捐問題日益複雜嚴重，所以黃六鴻和沂州知州受命在隆冬時節，出外調查，看看到底發生了什麼事。他們騎馬穿越積雪的鄉里並探訪當地居民，發現散布在長達六英里多的土地上的十二個小村落，在過去二十年間承受了不同程度的洪水肆虐，並處在絕望的境地。曾經在那裡耕種過的三百戶人家，有一半不是逃跑，就是死掉。大量的土地遭地主拋棄，成了無主之地，而無法徵稅。大約有一千六百英畝登記為「沙壓」的耕地，曾經生產過農作物，甚至是在輕微的水患期間。農民們指出，他們曾繳過二十五年的稅，因為當時的情形最少比一六四〇到一六四三年要好。但一六六八年地震後的大水，將更多的沙子沖積到田裡，於是農民們再也付不出任何東西。[19]在這些個案中，地方農民要耗費很長的時間向上陳請——知縣也同時向知府請求

——才能將耕地正式從稅捐名冊中剔除。

即使地方農民有多餘的穀子或銅錢可以付稅，他們的問題卻不見得就此結束。官銀匠就是一個問題，農民繳稅時，必須將銅錢轉換為銀兩，官銀匠便壟斷了這個銷鑄的過程。有些銀匠會在銀的純度上作假；有些會在鑄造銀塊時私藏一些碎塊；有些會在申請蓋印證明銀的純度時，額外超收大筆手續費用；有些則會為趕工超額收費——他們十分了解如果自己慢慢地做，農民們便會因為在城裡多待一夜而支付額外的花費——還有一些會沉溺在極端的詐騙行為中，例如在銀兩還沒有正確地稱出重量前，就踢倒熔爐之類。除此之外，如果鄉下居民親自背負穀物進城，有時會碰到「幫忙的」民眾主動提議，在他們休息時代為處理相關事務，然後就帶著穀物（據說是去糧倉）一去不回。基於上述種種和其他的原因，黃六鴻說：「鄉人望城市如地獄，見差胥如獰鬼。」[20]之所以在三十二個社之下實行分權的部分目的，是為了設立地方的收稅站，如此一來，農民就不必前往縣城。代之而起的是在較方便的地點設置大型銀櫃，繳到這些銀櫃的錢，都經過仔細地核對並登錄在日報上（至少在理論上），然後附以登載有正確稅額的「三聯串票」，這種串票一式三聯：一聯給納戶，一聯給櫃吏，一聯給知縣存檔。[21]

郯城所課徵的稅負不單限於耕地和農產品。還有一些以貢品形式出現的稅；以及政府以遠低於市面的價格，向當地居民購買產品的形式出現的隱藏稅。有蘆葦稅——蘆葦可以收集來做屋頂和燃料——漁民稅、街頭叫賣的小販稅和以盎司為單位課徵的鹽課（由商人預付）。由合法牙人經手的不動產或土地交易，每一筆都要課稅。合法的當鋪每間每年要繳五兩的稅——不過被逼至絕境的農民用自己的耕具典當，以獲取穀物的交易是免稅的。掮客經手的牲口、菸草、棉製品、酒和釀酒的穀類等所有交易，都要抽稅。甚至將繳稅的銅錢轉換成法定純度的銀，也要抽取「火耗費」。[22]收取這些額外的稅負，對納稅人和收稅人來說都是一場惡夢，就像蒲松齡在諷刺故事〈促織〉的開場白中所說的：[23]

宮廷裡盛行鬥蟋蟀的遊戲，每年都下令民間上貢一定數額。這些昆蟲本來並非西部地區的特產，直到有個華陰縣令因為急於巴結上司，送給後者一隻技巧純熟的蟋蟀作禮物。從此以後，他的上司要求他定期供應蟋蟀，於是知縣下達命令給里正。結果市井裡的小混混找了一些品種優良的蟋蟀，仔細照養。蟋蟀的價格愈來愈高，並被視為稀有之物。徵收蟋蟀的胥吏很狡猾奸詐，他們把這件事按人口攤派。每每為了提供一隻蟋蟀，逼得多少戶人傾家蕩產。

鄉裡住了一個叫成名的人，一直無法通過秀才考試；因為他很笨，就被狡猾的胥吏推薦做里正。成名用盡方法擺脫這個職位，但擺脫不了。不到一年，他所有的資產都賠光了。又到了提供蟋蟀配額的時間，成名不敢按人頭攤派，卻又籌不到錢，在悲哀中想用自殺來了結生命。（附錄2.1）

黃六鴻知道，壓力、稅收和截止期限在郯城都是稀鬆平常之事。他原打算透過增加鎮民的稅捐來減輕鄉下居民的一些壓力，因為他相信可以從城市裡的商業活動，收取遠超過目前所繳納的稅捐。他猜測在可以徵稅的商業交易中，報繳的不到百分之二十。即使從馬頭鎮也只收了不到五百兩的稅：二百三十兩來自沂河沿岸的鹽漬廠，另外約二百五十兩來自長途運送布、食物、酒及菸草的中間商。然而黃無法矯正這種狀況。有一個困難是城市的居民不易控制，他們對經濟上的不滿常常演變成暴動，而且比較有錢的商人根本就不是郯城人——多數來自西北方的山西，雖然也有許多人來自南方的江蘇。因此他們有能力對來自自己家鄉的地方官員施加壓力。[24]馬頭鎮的兩位鄉約此時都捲入法律案件，顯示出他們的弱點和易受攻擊之處：程源被當地麴行的經理陷害，指控他涉及一樁複雜的貪污案件；張茂德庫存的穀物被兩名士兵偷走。張向他們的長官抱怨後，兩名士兵帶了更多人回來把張壽打一頓，一位在事後不久前往查驗的典史說，他被打得「遍體鱗傷」。[25]

有好幾道阻礙公平及充分徵稅的路障，是由郯城的防兵所豎立，因為他們製造了與其人數完全不成比例的麻煩。他們不僅跟馬夫和驛站的人員起爭執，也對縣府的差役動粗：管隊張三先是放任妻子割取居民田中的穀子，然後又慫恿班兵反抗前來催糧的快手。另外一名士兵縱容兒子用棒子將皂隸打得滿臉是血，自己則袖手旁觀。第三名士兵進入捕壯趙應舉家中，索酒自飲，並強暴趙妻。其他的士兵，像來自沂州軍戶的桑四，設法侵種了四百多畝耕地，而沒有付一毛錢的稅，又悍然毆打向他收稅的差役。[26]此外，由於有些土地所有權的細節極端混亂，以致無法整理出哪一片土地屬於哪一個人。有些人宣稱的所有權可上溯到明朝，並且互相重疊；有的合約是在一六五〇年代簽署和失效；有些訴訟當事人則大膽地把對自己有利且可追溯到許多年前的偽造證據，插入衙門知縣自己的備檔中。[27]

黃六鴻發現在郯城，地主用六種主要的欺騙形式，來降低土地稅的評估。他們用化名僱用經理人來耕種自己的土地，這樣就不會因被查到而負責。他們假裝其耕地事實上是別里的花戶所有。當鄰戶的稅率較低時，他們會以鄰居為人頭繳交稅款，以現金或穀物支付。他們設法假報耕地的品質，例如把評估為百分之三十的中級耕地註冊為最低一級（百分之二十），或把最高級耕地（百分之五十）註冊為中級。有人讓自己的耕地完全從籍冊上消失。有人則宣稱在自己土地上生長的穀子，是在別人的土地上生長。在郯城，由於許多耕地被住在沂州的地主以低價買去——因而不在當地知縣的管轄範圍內——問題遂變得更惡化。[28]

這類不法利益，完全是地主基於自身利益所為，就像黃六鴻說的，「欲減多糧而就少，避重差而就輕。」更複雜的是，某些地主藉著一套保護和代理匯款的「包攬」制度，來承接別人的賦稅責任。[29]想要逃避差徭的男丁，特別喜歡利用這種制度。因為具有科名的地主可以豁免許多徭役，而他們那些貧窮的親戚朋友，或其他有錢的鄰居，都願意把自己的土地轉到這一類特權家庭，以便用較低的稅率繳稅，並分享一些其他的特權：像付較低的「火耗」，或使用縣城的銀櫃——在此仕紳可免付一些附帶的收費。窮人們積極尋求加入這種代理關係，為的是想藉助有錢人能夠帶來的稅捐利益，並保護他們免受差役的騷擾。地主得到的回報，則是威望和忠實的追隨者。上層紳衿可能有幾十個這種被稱為「供丁」的準眷屬，即使低階科生也可能有十數丁。如此一來，負責分配差徭或登錄新增丁口的戶長總書，總會避開「供丁」，而將更沉重的負擔堆積到沒有後台的人身上。結果是，許多窮人原來一年十分之一兩左右的賦稅，增加到一兩甚至二兩，這個數目遠非他們所能負擔的。

一六七一年春末，成群的蝗蟲從前一年下在田裡的卵中孵化出來。在一篇專門為郯城城隍[30]——當地神祇中最重要的一位，直接負責城中居民的福祉——而寫的祭告文中，黃試圖用一種理性和感情交融的文字來打動城隍，以防止在所有的災難外，又有新的危機。當地居民對一六四〇年那場可怕的蟲害和饑荒的記憶，使他的告文益添急迫之感。[31]

敢告於本縣城隍。神與本官在本縣都必須履行責任：抵抗可能發生的災難，在困難時提供保護，這些事情是城隍的神聖職務，也是官員的責任之一。今年農民在田中工作時，穀物尚未成熟，但是去年蝗蟲生下的卵在土中孵化，使鄉下近半數的小麥穀物蒙受災難。在過去十天中，有更多蝗蟲從西南鄰邑飛入（**注：也就是邳州**）。牠們鼓動的翅膀連成一線，充塞田畦，覆蓋田畝。居民奔走哀號，好像世界末日降臨。

我們先前已向城隍祝禱，但神並未消滅這些蝗蟲。難道神竟無力拯救我們脫離自然的劫難？還是因為清明將近（**注：農曆四月五日**）？如果不是這些原因，難道是因為官員失職，並且缺乏誠意去打動下界嗎？居民無法逐退這場劫難，所以向上求助官員。官員無法為民眾逐退這場劫難，所以他們向城隍祈禱。城隍赫赫在上，難道不能傳達這些來自人民和官員的祈禱，向上帝請願嗎？居民認為災害的擴大，勢不可免，因為隨著蝗蟲前進，牠們覆蓋了一塊千里以上的區域，郯城只是其中彈丸黑子，怎麼能單獨將蝗蟲逐於此地之外？他們這麼說，是因為單憑人力，無法補救。但對城隍卻不是如此。從祂身處的有利地位，祂可以預知居民和官員的需求，並對他們的遭遇感到難過。

啊！城隍啊，請速驅離牠們！別讓牠們毀壞我們的穀物！別讓牠們在我們的田地產卵！這樣，居民才可能有秋收。惟神之賜。神其鑑之。（附錄2.2）

蒲松齡不相信地方官員能把稅收、自然災害的這些問題，處理得比控制盜匪作亂來得好；真要說的話，他對此甚至有更大的懷疑。因此發現傑出的主角小二——她比蒲氏的任何其他角色，更能讓鄉里免於經濟崩潰——也比其他角色更接近天助的直接資源：[32]

住在滕縣鄉下的趙旺夫妻，是一對虔誠的佛教徒。他們不吃肉或犯禁的食物，在地方上被視為善人。他們很有錢，並且有一個極為聰明美麗的女兒——小二，趙旺把她當成掌上明珠。五歲時，她跟哥哥長春一樣，被送去跟一位老師讀書。五年後，她熟讀了五經。小二班上有個男孩叫丁紫陌，大她三歲，文采風流。兩人墜入愛河，丁並私下向母親吐露心事，由母親去向趙府求親。但趙氏夫婦希望女兒能嫁到富貴人家，而婉拒了這門親事。

不久，趙皈依白蓮教。徐鴻儒叛亂時，整個趙家也被指為叛匪。小二知書善解，只要看一眼，就能精通剪紙成兵、撒豆為馬的法術。徐鴻儒挑了六個年輕女子加以特別訓練，小二是其中最好的，所以徐開始傳授她所有的技巧。由於小二的表現，她的父親趙旺也深得信用，被委以重任。

丁十七歲時，通過滕縣的秀才考試，但不願跟任何人論及婚嫁，因為他永遠無法忘記小二；所以他偷偷溜走，加入徐的旗下。小二很高興看到他，對他更加優禮。因為她是徐的弟子，徐讓她主管軍務，晝夜出入他的辦公處所，忙得不可開交，甚至沒時間留給父母。然而每當丁傍晚來看她時，她就辭退僕人，兩個人獨處到深夜。有一晚，他悄悄問她：「妳知道我來這兒的真正原因嗎？」她回說不知道。「我沒有攀龍附鳳的妄想，」丁說，「我來這裡的理由是因為妳。這條旁門左道是不會成功的，它注定要以災難收場。妳是個聰明的女孩，難道看不出這點嗎？如果妳跟我一起逃離此地，一定可以完全信任我的忠誠。」

小二一時之間有點茫然若失，沉吟片刻，才如夢初醒，說道：「就這樣不告而別，太對不起我父母。請容我稟告他們一聲。」

兩人就去告訴她的雙親他們的希望和恐懼，但是趙不了解他們在說什麼。「我師父是個神，」他說。「他怎麼可能犯錯呢？」小二知道再勸也沒有用，就把少女的束髮挽成婦人的髮髻。

她拿出兩隻紙鳶，自己跨上一隻，丁生坐上另外一隻。兩隻紙鳶像兩隻大鶇鳥一樣肅然展翅，然後比翼而飛。黎明時分，他們來到萊蕪縣境。小二捏了一下紙鳶的脖子，兩隻紙鳶立刻輕輕降落到地面並變成兩匹驢子，這對情侶坐上驢子，朝山陰里疾馳而去。到達該地後，他們託言自己是從當前的動亂中逃出來的難民，於是租了一間房子，安頓下來。兩人走得匆匆忙忙，幾乎沒有攜帶任何物品，也沒錢去買。丁生對此深以為苦，試著向鄰居借一點米，但是沒有人願意借一升一斗。然而小二似乎一點也不沮喪，她當了自己的髮簪和耳環。

關起門後，她會平靜地坐在丁的對面。兩人在燈光下一起玩猜謎的遊戲，或者比較讀過的書中，誰記得最多，以此比比高下。輸的人，要挨對方用兩個指頭擊打腕臂。

他們房子西邊住了一位姓翁的鄰居，是地方綠林的頭子。有一天，他打劫回來後，小二對丁生說：「有這麼一位有錢的鄰居，還有什麼好著急的呢？讓我們去看看他是否肯暫時借給我們一千兩銀子。」丁認為很困難，但她回答道：「我會安排一切，讓他高高興興地幫我們。」說完，她用一張紙剪成判官的樣子，然後放在地上，上面蓋了一個雞籠。她牽著丁的手，一起爬上床，然後熱了些醇厚老酒，並找出一本《周禮》來行酒令：隨口說出第幾冊第幾頁第幾人，兩人就一起翻開來，誰得了有食旁、水旁、酉旁的字，就罰喝一口酒；如果找到「酒」字的喝雙倍。小二碰巧選了「酒人」，丁倒了一大杯酒，讓她喝下。喝完後，她恨恨地賭誓：「如果我們能夠借到這筆錢，你一定會翻到飲部。」丁翻書，得到「鼈人」。小二大笑：「我們成功了。」然後倒滿了一杯酒，要丁生喝下。丁不服，她指出：「你的工作牽涉到水，所以你必須像鼈一樣啜飲。」兩人正在為這個決定爭論時，聽到籠子內傳來一陣嘎嘎聲，小二站起來叫著：「錢在這裡。」於是打開籠子一看，裡面有一個袋子，裝滿了金子。丁生掩不住驚訝和歡喜。

過了一會，翁家女僕帶了一個小孩子過來戲耍，偷偷對他們說：「剛才和主人回來時，由於天色已暗，所以他點了燈坐下來。突然間，地上裂開一條深不見底的隙縫，然後出現一位判官對他說『我是地府的司隸，太山帝君召集陰曹官員，為所有罪犯的惡行編造一本紀錄。我必須提供銀燈一千盞，每盞重十兩。如果你捐獻一百盞，我就消除你的罪孽』。我的主人嚇壞了，焚香叩禱，並供奉了一千兩銀子。判官才緩緩地走回地裡，地面隨即合上。」聽到這些話，夫妻兩個人都假裝很驚訝，嘖嘖稱奇。

之後，兩人開始購牛買馬，僱用僕人婢女，並為自己蓋了一所宅第。地方無賴覬覦他們的財富，糾集了一批歹徒闖入丁家搶劫。丁和太太從睡夢中驚醒，看見滿屋都是盜賊，手裡拿著火把。其中兩個盜賊抓住丁生，第三個則對著小二的胸部上下其手。她光著身體坐起來，手指著他們大叫道：「停！停！」只見這十三個盜賊，伸出舌頭，一動也不動地站在那裡，像木偶一樣痴呆。小二穿上衣服，爬下床，把僕人喚到跟前，命他們把賊人一一反綁起來，自己則逼令他們供出實情，然後責備他們說：「我們來自遠方，埋頭在這個澗谷裡，原以為會得到你們的幫助，沒想到你們竟做出這種不仁不義的事！每個人都有起落，真正有困難的人，只要告訴我們，我們不是那種積累財富，一毛不拔的人。你們的行為像豺狼一樣，合該一死，但是我不忍心這樣做，姑且放你們一馬——但如果下次再犯，我不會再原諒你們！」盜賊們跪謝而去。

過了一段時間，白蓮教的首領徐鴻儒被捕，小二的雙親，趙氏夫婦和兒子、媳婦全被處決。丁生帶了一些錢，贖回小二亡兄長春的三歲幼子。他們把他養大，視如己出，並讓他改姓丁，名承祧（承繼兩家香火的子嗣）。於是，村人慢慢了解，這對夫妻和白蓮教教徒有關係。這個時候，剛好有蝗蟲殘害農作物，小二用紙做了幾百個紙鳶，送去巡邏田地，於是所有的蝗蟲都飛到別處，只有她的田地絲毫無損。其他的村民心生妒忌，向地方官告發這對夫妻是徐鴻儒的餘黨。地方上有位官員也覬覦他們的財富，視為肥羊，所以將丁生逮捕。丁用巨額賄款買回了自由，小二卻說：「我們用不正當的手法獲取財富，這些財富終將消失，可是我們也不能再在這塊蛇蠍之地久居。」於是他們賤售家業後離開。

他們搬到益都縣的西郊。小二現在變得格外靈巧，她擅於理財，比任何男人都會經營生意。她開了一間工廠，製造玻璃用品，並親自指導所有前來工作的工人。結果，所有從那裡製作的燈具，都有最奇特的形狀和神奇的色彩，沒有一個競爭者能與之相比，她輕易地以高價賣出。幾年後，他們變得比以前更有錢。

小二嚴格地監督僕人、婢女，她養的幾百個人中，沒有一個吃閒飯的。閒暇時，她會和丁生泡茶、玩象棋或以翻閱經史書籍為樂。對於錢糧收支以及婢僕們的工作，她每五天檢查一次；小二親自拿著計數的竹籌，丁生則按照簿冊報著名稱和數量。查對以後，勤快的人得到各種獎賞，懶惰的人就鞭撻罰跪。有時候，她會放一天假，晚上也不要人工作。她和丈夫擺設酒食，然後招呼僕人前來，讓他們歌唱俚曲自娛。

小二像神明一樣明察秋毫，沒有人敢欺騙她。此外，她給的報酬都比應得的要高，所以每件事都進行得很順利。她住的村子裡有兩百多戶人家，她給所有的窮人一筆工作資金，從此鄉內沒有遊惰無業之人。旱災來臨時，她吩咐村人在郊外建立一座祭壇，到了夜裡，自己坐著轎子出村登壇。她依禹步作法完畢後，甘霖普降，足夠方圓五里之內每個人使用。居民更加以神明視之。

外出旅遊時，她不刻意遮掩面目，村裡所有的居民都看得到她。有時候，村裡的年輕人會聚集在一起，彼此私下討論她的美貌，但是當她本人出現在面前時，他們卻噤聲不語，甚至不敢抬頭看她。

每年秋天，她給村裡一些年紀還小，不能耕作的孩子一些錢，打發他們去採集野菜。這樣做了二十年後，野菜塞滿了她的樓屋。大家都認為這是件蠢事，私下嘲笑她。但是當山東碰上大饑荒，發生人吃人的慘劇時，小二拿出她儲存的野菜，和穀子混合，拿給那些快要餓死的人吃。鄰近的村民因此得以活命，不須逃跑或等著餓死。（附錄2.3）

蒲松齡一定是從家鄉淄川南方的博山縣，一家真正在當時營運的玻璃廠，得到利用這間玻璃燈籠廠作為整個鄉里資源的想法。[33]但是郯城卻沒有地方企業，而黃六鴻既沒有外來的財源可資利用，也沒有魔法讓郯城那些視財如命的仕紳——不管是有罪的或受人尊敬的——捐錢出來。他從經驗得知，當談到稅收時，對待仕紳跟一般老百姓要不一樣：一般老百姓如果逼得夠緊，通常會因為害怕而乖乖付稅；但對仕紳卻總要寬待幾分，因為如果逼得太緊，會有讓他們失掉面子的危險——這會導致地方的敵對，他們甚至有可能越過知縣向別的上級官員控訴，或給他的幕僚帶來困擾。[34]

然而黃最後決定，必須對新汪一位叫劉廷琬的地主採取行動。[35]新汪靠近馬頭鎮，位於郯城西邊七英里外，是縣裡以包攬弊端聞名的四社之一，其他三個分別是位於郯城縣東北區的朱呂、重溝和南部的杏塾。這四個社的居民，多半也因為長時間拖欠稅款而早有惡名。黃六鴻答應為那些按期完糧納稅的人，親自遞酒、披紅、插花，並鼓樂由衙門中門送出，試圖藉此提振納稅人的士氣。[36]但這招在新汪不管用，此地一半以上的居民和不同的地主有包攬關係，因無法找到這種保護而逃離的人也愈來愈多，結果是留下的人要付更高的稅。

一六七一年時，新汪的兩個社長是胡際明和另一位胡姓同僚。這年春末，他們對自己無力從陷入逃稅、包攬和逃離之惡性循環的鄉里擠出稅收感到絕望。在絕望中，他們同意出面作證，指控地主劉廷琬，後者雖然在新汪擁有土地，但本人卻住在縣城隔壁的高冊社。劉家是支配高冊的兩大家族之一，他們在那裡能提供任何逃亡者安全的避難所。[37]雖然兩位胡姓社長決定在公堂作證指控劉，但他們要求有一個寬限期，直到所有冬麥收成完畢為止，為的是希望能從農民身上抽得足夠的稅收（等到更多人出售穀物），以達到第一部分的配額。

地主劉廷琬趕忙利用這段寬限期採取行動。他僱用了一個殺手守在公堂外，來恐嚇那些可能前來對劉氏家族提出不利證據的證人，同時派了一群惡黨，查出二胡的下落，狠狠地揍了他們一頓，連腿都打斷了。但是他還不滿意，命人把受傷的胡際明吊在一根桿子上帶離郯城進入沂州，好進一步拖延整個調查。然後劉自己逃離郯城到別的地方躲了起來。由於沒辦法找到其他願意作證的證人，所以這個案子就被擱置了。[38]

第三章

寡婦

The Widow

彭氏的丈夫陳太禎，於一六六九年間因病過世。他生前雖不富有，但留給她一點錢、一塊接近郯城的地、一匹馬和一頭牛。他們有一個男孩叫陳連。現在，養育小孩讓他能好好繼承父親的香火，成了這位寡婦的責任。[1]

《縣志》中有許多傳記，目的在顯示一個女人如何可以靠著決心和嚴格的道德目的守寡、謀取生活並撫養小孩長大，讓他們日後成為受尊敬的學者或忠貞的妻子。有一個女人二十一歲時就守寡，先生撇下三個孩子，她成功地把他們撫養長大，並活到八十四歲。李氏，守寡並帶有兩個兒子，她送其中一個去田裡工作，自己則靠織布攢錢去教育另外一個。這個孩子先通過鄉試，接著又通過省級的舉人考試（是郯城一個世紀中，獲得這項榮譽的五個人之一）。這兩位婦人都於一六七〇年過世，但仍有許多其他活著的人替這個理想作見證：丈夫和伯叔都被清軍在一六四三年殺害的杜氏，親自撫養自己的兩個兒子、三個失怙的姪子和兩個姪女長大，她此時五十五歲。劉氏二十五歲時守寡，無嗣，她從先生的叔叔那裡過繼來一個兒子，以延續先生的香火，並作為他的法定繼承人，她四十六歲。田氏五十六歲，十九歲時守寡，並懷有一名遺腹子，然後將他養大成人。冷村社的范氏是這些人的榜樣，八十一歲仍健在。她先後撫養自己的兒子、先生第一任太太的兩個兒子，以及她自己失怙的孫子長大。他們全都中了鄉試。[2]

蒲松齡對這些敘述的態度是曖昧的，他有時會嘲笑這些忙於織布的寡婦所稱的貞潔：[3]

有一天傍晚，一位老寡婦正在織布，突然一個年輕的女孩推開門對她說：「老婆婆，您不累嗎？」女孩看起來約十八、十九歲。她的臉蛋很漂亮，衣服華麗優雅。老婦人嚇了一跳，問她來自何方，女孩回答說：「我可憐您一個人孤零零地生活，來陪您作伴的。」老婦人懷疑她是從哪個有錢人家逃出來的，於是不斷地問她問題。但是女孩說：「老婆婆，不要害怕。我跟您一樣孤孤單單地活在這個世界上。由於欽佩您生活的貞潔，特來跟您作伴。如果我們同住，可以解除寂寞，那不是最好的事嗎？」老婦人懷疑她一定是隻狐仙，而默默不語，暗自疑心著。女孩爬上織布架，開始替她織布，並說：「您不必擔心。我擅長用這種方式自己謀生，不會讓您養我。」老婦人看她如此友善、能幹，而且甜美，就放了心。

夜漸漸深了，女孩對老婦人說：「我自己帶了棉被和枕頭，東西還在門外。您出門休息時，請順便替我把東西帶進來。」老婦人走出門外，發現一袋被子，就帶了進來。女孩把它們攤在床上，那是用某一種緞子縫製而成，無比的芳香柔軟。老婦人攤開自己的棉被，跟女孩一起躺在床上。女孩才脫了絲質衣服，立刻就有一陣異香盈室。她們一同躺在床上時，老婦人自個兒想道：躺在這樣的美人旁邊，卻可惜不是男兒身。躺在枕頭上的女孩笑著說道：「您已經是七十歲的老婆婆了，怎麼還會有這種荒唐的想法呢？」老婦人回答道：「我沒有啊。」女孩說：「如果沒有這種荒唐的想法，為什麼剛才希望自己是個男人呢？」老婦人現在更加確定，自己正在和狐仙打交道，害怕極了。對此，女孩又笑道：「既然想做男人，為什麼又怕我呢？」（附錄3.1）

蒲松齡也嘲笑仕紳——即編纂鄉賢和節烈傳的同一批人——由於他們集挑剔及性好漁色於一身，所以大力讚賞別人沒有沾染這兩樣惡習。蒲暗示說，這班人把女性包含在他們的「節烈」名單中，往往有些曖昧的動機。[4]蒲的懷疑，至少在某個層次上，可以由郯城的例子得到明證，因為馮可參提到《縣志》中「鄉賢、貞烈」傳的資料，是來自地方仕紳。無可置疑地，這些卷目反映了仕紳的價值觀，或這些價值的理想類型。我們也知道，這些仕紳在編纂史料時，毫不迴避地偏袒自己人，因為四位地方上的編者，設法把其中三人的母親和兩位嫂子，列入選定的五十六位女士中。[5]

但是大體而言，蒲松齡似乎同意當時流行的觀點，認為寡婦需要道德和確切的目標。因此，在他的故事中，有一篇是講一位垂死的先生，明確地允許太太再嫁。但是她在喪禮還沒完成前，就違反禮俗，和情人私通。亡夫因此對她和其家人施以天譴：她被利箭穿透的裸體，橫陳在父親家裡的庭院中，房子則為火所焚。[6]可是蒲跟當時多數人不同，他在小說中描寫的寡婦，常常都通曉法律、熟悉衙門政治的錯綜複雜，對那些想要奪取她們土地或好名節的男性，都能以智取之。他對一位寡婦努力撫養一族的男孩長大所面臨的難題，特別感到興趣。[7]

在一篇比較嚴肅的故事〈細柳〉中，他透過一位英雌詳述了這種困境。這位英雌不但一開始不想嫁給她的丈夫，後來還把一位繼子和自己的兒子一起撫養成人。[8]

細柳是中都一位士人的女兒。由於她的腰非常細，所以別人給她取了這個名字，意思是「纖細的柳樹」。

細柳是個有文學涵養的聰明女孩，特別愛讀相人書。她生性隨和，不道人是非。但每逢有人前來提親，她總是堅持要親自看看求親的對象，雖然她看過許多男子，但都不喜歡。十九歲那年，父母生氣地對她說：「天下怎麼可能沒有一個男人適合妳？妳想留著一頭少女的辮子到老嗎？」

細柳回答道：「我曾經真正希望以個人的力量來克服上天給我的命運，但是這些年來，卻沒有成功，是我的命。從現在起我會服從父母的命令。」

這時剛好有一位出身良好、才識出眾的高姓書生要求與細柳同結連理，並且送了聘禮。兩人因此成婚。

夫妻二人相處得非常融洽。高生的前妻留下了一個五歲兒子，叫做長福。細柳非常鍾愛地照顧這個孩子，每次她要離家去探望父母，長福就不停地哭鬧，吵著要跟她一起去，不管細柳怎麼呵斥他哄他都不行。一年多以後，細柳自己生了個兒子，名叫「長怙」——可依靠的人。丈夫問她這個名字代表什麼意義，她回答道：「我只希望他會長留在父母身邊。」

細柳對女人分內的工作做得很馬虎，似乎不怎麼有興趣。但是對他們的地產畝數及賦稅評估的紀錄則仔細閱讀，惟恐有任何不正確的地方。過了一段時間，她對高生說：「你願意放棄對家庭事務的照管，讓我來經手嗎？」高生首肯。整整六個月，家中事務照顧得井井有條，高生也頗為稱賞。

有一天，高去鄰村跟朋友喝酒。他離開後，一位差役前來催討稅款，他猛力敲門並咒罵細柳。細柳派婢女去安撫他，差役不願離開，細柳不得已，派了一位男僕去把先生找回來。高回來時，差役已離開。高笑著說：「細柳，妳現在開始了解，為什麼再聰明的女人，也無法跟一個笨男人相比了吧？」

細柳聽了這句話，低下頭，哭了起來。高生驚慌，把她拉過來，試著加以鼓勵。但有很長一段時間，細柳總是悶悶不樂。高對她這樣沉迷家務很不高興，建議由他自己再度接管，但細柳不肯。

她每天黎明即起，深夜而息，盡最大努力去管理每一件事。她會提前一年把每年的稅款保存起來，所以負責催稅的差役不再上門催繳。她用同樣的方法預先計算出衣食所需，因此控制了家裡的開銷。高很高興，開玩笑地對她說：「我的『細柳』

哪樣細啊？妳的眉毛細、腰細、小腳細，但是我很高興妳的心思比那些還細。」

細柳回答道：「高郎你是真正的高：你的人品高、志氣高、學問高，但是我希望你的壽數更高。」

他們村裡有一位棺材店老闆，賣些漂亮的棺材，她不管價錢多貴，堅持要買一副。因為錢不夠，於是向親戚、鄰居借貸。高看不出為什麼要急著現在買，試圖阻止，但她不理會。一年後，鄰近富戶中死了一個人，願意用原價的兩倍向她買這口棺材；高見利潤不錯，慫恿細柳接受這筆買賣，但她不為所動。他問她為什麼不賣，細柳不答。他又問了一次，看見她眼中閃著淚光。高很驚訝，但不願直接拂逆她的意思，事情就此打住。

又過了一年，高生二十四歲。細柳不讓他出遠門，如果他去某處拜訪而遲未返家，她會派書僮和僕人一個接著一個地去催他，在路上接他。高的朋友都拿這件事開他玩笑。

有一天，高出去跟幾個朋友喝酒。他覺得有點不舒服，就打道回府，但在半途中，從馬上墜落而死。這時天氣又溼又熱，但幸運的是，他所有的喪服已事先做好。村人都稱讚細柳有先見之明。

她的繼子長福這個時候已經十歲了，剛開始學寫文章。但自從父親死後，他變得彆扭懶惰，不肯讀書。他會逃學去跟牧童一起玩耍，責罵也沒有用，甚至用鞭子打他，他還是繼續類似的放肆行為。細柳無計可施，就把他叫到跟前對他說：「你的表現說明你不想讀書，我們又有什麼辦法強迫你？但是在窮人家沒有吃閒飯的人，現在去換衣服，跟傭人一起工作。不然的話，我就用鞭子抽你，你可不要後悔。」於是長福穿著襤褸的衣服，去看守豬群，工作後回到家，拿著陶碗跟其他僕人一起喝粥。幾天後，他受夠了，哭著跪在庭院外，要求准許他繼續讀書。細柳轉身面牆，充耳不聞。長福沒有辦法，只好拿起鞭子，吞下淚水離開。秋天過去了，長福身無衣，腳無鞋。嚴寒的雨水浸透了身體，瑟縮著頭像乞丐一樣。村人都可憐他，那些娶了填房的人，都以細柳為戒。他們私下憤怒地抱怨，細柳也漸有所知，但是充耳不聞，彷彿這件事跟她無關似的。最後長福不堪其苦，拋下豬群逃逸。細柳仍然不採取行動，既不派人調查他的下落，甚至連問都不問。又過了幾個月，長福已無處乞食，極度悲傷地回到家。但是他不敢進門，而央求隔壁的老婦人去告訴母親，他已經回來。細柳道：「如果他願意挨一百板，可以進來看我。如果不願意，就叫他快點離開吧。」

長福聽到這句話，跑進來哭著說，他願意挨打。「你現在知道痛改前非嗎？」她問道。

「我會悔改的。」他回答。

細柳接著說：「如果你知道悔改，就不必再挨一頓板子了。老老實實地去放豬吧，如果再表現不好，就沒有什麼可原諒的。」

長福大哭道：「如果妳讓我再讀書，我會心甘情願挨一百下板子。」

細柳沒吭聲，但在老婦人也一起勸說後，終於同意。她讓長福洗了澡，給了他幾件衣服，然後讓他和教弟弟的同一位老師讀書。長福努力學習，頗有進展，和過去大不相同。三年後，他考取了秀才。巡撫楊公看了他寫的文章，極為欣賞；他讓長福按月領取廩食，作為燈火之資。

另一方面，長怙讀書魯鈍。讀了幾年書，還不會寫自己的名字。細柳叫他別讀了，到田裡工作，但是他寧願閒混，一副不願意吃力做苦工的樣子。母親生氣地說：「士、農、工、商，每一個階級都各有所業，你既不會讀書，又不能下田工作，豈不是要餓死在山溝野地嗎？」然後痛打他一頓。從此以後，長怙就跟傭工一起到田裡工作。如果起晚了，她就責罵他，然後跟著他一路罵到底。私底下，她開始把最好的衣服、飲食塞給哥哥長福。長怙雖然不敢抱怨，但卻深感不平。

田裡一年的工作結束後，細柳拿了些錢給長怙，要他學學四處做生意的方法。但是沉迷於賭博的長怙把母親給的錢都輸光了，然後為了要瞞住母親，編了個故事，說遭人搶劫。細柳發現真相後，把他打個半死，長福跪在母親跟前求情，願意以自己的身體代替弟弟挨打，她的怒氣才漸漸消下去。但從那時起，不管任何時候，只要長怙走出房子，細柳就派人看著，這才讓他的行為稍微收斂，但是這種改變並非真正出自內心。

有一天，長怙問母親，他是否可以和一群商人一起前往洛陽。事實上，他是想藉此機會出門遠遊，玩個痛快，以滿足自己的欲望，卻又非常擔心母親可能會拒絕他的請求。但是細柳聽後，似乎一點也不懷疑，反而給了他三十兩銀子，並幫他打包行李。他要離開時，她遞給他一塊金塊，說：「這塊金子是祖先傳下來的，不是用來隨便花的，我把它放在你的行李中作壓箱寶，緊急時才能用。另外，這是你頭一回出遠門做買賣，我不指望你賺大錢，只要你不浪費這三十兩銀子。」長怙出發時，她把這些話又重複了一遍。長怙欣然同意地上路，一路上得意洋洋，對自己十分滿意。

到了洛陽，他謝絕了同行的客商，住進一位李姓名妓的家中。跟她住了十幾夜後，把銀子都花完了，但是因為行李中仍然有塊金塊，所以他不大擔心錢已經用完。然而當他取出金塊切下去時，發現金塊是假的。長怙嚇壞了，臉色發白。李女的母親知道這件事後，刻薄地詛咒他。長怙也非常焦慮，可是錢袋空空的，也沒地方可投靠，他還希望這個女孩能念在昔日的情分上，不會馬上趕他走。一會兒，突然有兩個人拿著繩子闖進來，然後用繩子迅速地緊緊套住他的脖子。長怙嚇了一跳，不知該怎麼辦。他可憐兮兮地哀求二人說明為什麼這樣對待他，才得知李女拿了假金塊，向當地知府提出告訴。長怙被帶到知府前，知府不許他申辯，命人套上枷鎖，把他打得奄奄一息，然後丟進牢裡。因為他沒有錢財疏通，吃盡了獄卒暴虐的苦頭。他靠著向牢友乞討食物，苟延殘喘。

話說在長怙離家那一天，細柳對他哥哥長福說：「記得提醒我，二十天後必須派你到洛陽。我現在有很多事要處理，怕到時會忘記。」長福問母親是什麼意思，但見母親似乎非常悲傷，就不敢進一步追問，退出去了。二十天過去了，長福去問母親。細柳悲傷地回答道：「你弟弟現在正過著放蕩的生活，就像你當年不願讀書時一樣。如果不是我頂著惡名，你怎麼會有今天？每一個人都說我殘忍，但是沒有人知道我在枕頭上流了多少淚。」說著說著眼淚就沿著臉頰流下來，長福恭敬地站著聆聽，不敢進一步追問。哭完後，細柳接著說：「你弟弟放蕩的心依然浮動著，所以我給了他一塊假金子，他會遭到百般虐待，目前一定已經被關在牢裡了。巡撫大人很看重你，你去求他開恩，這樣你弟弟可免一死，並真正生起悔恨之心。」

長福於是立刻出發。他趕到洛陽時，長怙已經被關了三天。當他到牢裡探望弟弟時，他看起來很絕望，臉色白得像鬼一樣。長怙看見哥哥後，哭得抬不起頭來。長福也哭了。由於巡撫特別欣賞長福，周圍每一個人都知道他的名氣，知府得知他是長怙的哥哥後，立刻下令把長怙從牢裡放出來。

長怙回到家後，怕母親還在生他的氣，所以跪著爬到她面前。「你的心願滿足了嗎？」她問道。長怙臉上淚流未乾，不敢再吭聲，長福則跪在他旁邊，最後細柳叫兩人都站起來。

從這次教訓後，長怙深深悔改，用心地處理家裡大小事務，如果他碰巧在某些事情上有所怠惰，細柳也不呵叱責問他。然而幾個月過去了，細柳依然沒有跟長怙談起做買賣的事。他想問，卻又不敢，於是就把自己的意思告訴哥哥。細柳聽到這件事後很高興，她當了些細軟，然後把當得的錢給了長怙。不到半年，他賺回一倍的本金。同年秋天，長福考中了舉人，三年後又考中進士。這時弟弟做生意也賺了千萬兩銀子。

一位商人在往洛陽的途中，設法偷偷看了細柳一眼。她雖然已經四十幾歲，看起來卻只有三十出頭。她的衣服、髮型都是最簡單的，不知情的人還以為她出生在貧窮的家庭呢。（附錄3.2）

在細柳的故事中，錢雖然製造了高潮，但是缺錢不是事情的重點。事情的重點反而是在同情、紀律和被誤導卻依然有力的輿論力量三者之間糾葛的緊張關係。但在其他的故事中，蒲松齡描述寡婦的鄰居及親戚如何攻擊她，徹底奪去她的家庭和子女——透過打官司或身體的脅迫來逐步奪走她的土地，對她獻殷勤來困擾她，迫使她的後嗣沉溺於性慾，或引誘他們賭掉遺產。[9]

在郯城，我們也可以找到寡婦不時為財務壓力所苦的證據，雖然這點常常混含在再婚的壓力中。譬如在《縣志》裡關於吳寡婦——她丈夫拋下了一個一歲大的嬰兒——的簡短傳記中，有下面這一段話：「姑卒，夫兄逼令改嫁。乃剪髮毀面，盡歸故產於夫兄。攜孤祉依母以居。」[10]安寡婦之死則有如下的描述：「妻于歸甫半載，羨嬰暴疾而亡。氏慟哭，誓欲同死，鄉人未之信也。次日，將己妝奩衣服焚之，舅姑不能禁。宗黨聚而觀焉。氏撫膺長嘆曰：夫乎！吾從爾逝矣！即以身跳入火中，鄰婦救之出。守者始密。又次日，氏謾姑出，即閉門縊于房中。時年一十九歲，人稱烈婦矣！」[11]

最後，在寡婦高氏——其夫在一六四三年郯城的掠奪中遇害——的例子中，我們讀到：「是時，家業盡空，兵慌盜起，人無寧居。氏以弱孀幼子，孤伶苦守。族人又逼嫁而謀其產。氏毀容破面，死不再適。投于縣，泣訴，誓無二心。及其葬夫，哀痛七日不食。教子讀書，不墜先業。困苦萬狀，極力拮据。愈變而愈貞者，三十餘年。子克成立，貞操如氏。」[12]

似乎可以確定的是，在這些例子中，每一個抗爭有成——吳氏的放棄財產、安氏的自殺、高氏向有關當局請願——的危機，都是源自《大清律》中一條關於寡婦權利及繼承法的例則。這部律典是以國家的名義公布，然後由刑部不斷更新。它不單只關切公然的犯罪行為，也為各行各業的中國人提供權利義務的標準和權威性解釋，結婚的夫妻也一體適用。相關的條文（列在律例中有關經濟的部分）規定：「其（婦人）改嫁者，夫家財產及原有妝奩，並聽前夫之家為主。」這條規定的原意在鼓勵寡婦對亡夫永誌不忘，卻產生一個明顯的負面效果——即先生的親戚們不但不鼓勵她保持忠貞的情操，反而強迫寡婦再嫁。他們不止免掉了照顧孤兒寡母的花費，並且還能獲得實質上的利益。[13]

《大清律》中的這項條款，有助於說明一六七〇年春到初夏這段時間，加諸在郯城彭氏身上的壓力。彭氏在丈夫死後立刻履行部分責任，把兒子陳連送入村塾。這是一間小村塾，老師以教書為兼職，同時還必須到自己的田裡工作，來貼補收入。可是對陳連來說，要考上秀才、光耀父祖，這卻是重要的起步。不過從一開始，陳家的親戚不但不支持彭氏，反而不斷製造麻煩。主要的幾個壞傢伙是她先生的堂姪陳國璘、陳國相及陳國連三兄弟。其中，老么牽走了彭氏的牛，並拒絕歸還。這是很嚴重的一件事，因為牛不僅是農家耕種必不可缺的動物，也是顯現家庭地位的珍貴證據。牠受到良好的照顧，不工作時就拴在家門口，昭告每一個路人。陳國連把牛牽走後，向彭氏勒索了三兩銀子。老二陳國相不請自來地闖進屋內，企圖把她趕走。族長陳三福沒有插手幫助她，她丈夫的過繼兄弟陳太祥也沒有幫忙。然而如果他們的目的是逼她搬離這一帶，或再找個先生來保護她自己和兒子，他們是完全失敗了。彭氏發誓不會離開自己的家，並和堂姪陳國相怒目相向，後者誓言：「我教妳一些得不的。」[14]

《清律》也包含了這一條：「婦人夫亡無子守志者，合承夫分，須憑族長擇昭穆相當之人繼嗣。」[15]從陳國相的恐嚇和他稍後的舉動，可清楚地看出他至少知道這條條文的大意，並企圖加以利用。如果陳連這個小孩亡故，而法條的文字又獲遵守的話，陳氏三兄弟將繼承其財產，因為陳氏家族在一六七〇年的排行關係如下頁表。

根據法律，陳連的叔叔陳太祥不能繼承，因為他是由已經有親生兒子的父親從另外一支親族那裡過繼而來，因此在繼承事宜上，和承續陳氏祖先直系血統的男性相比，不

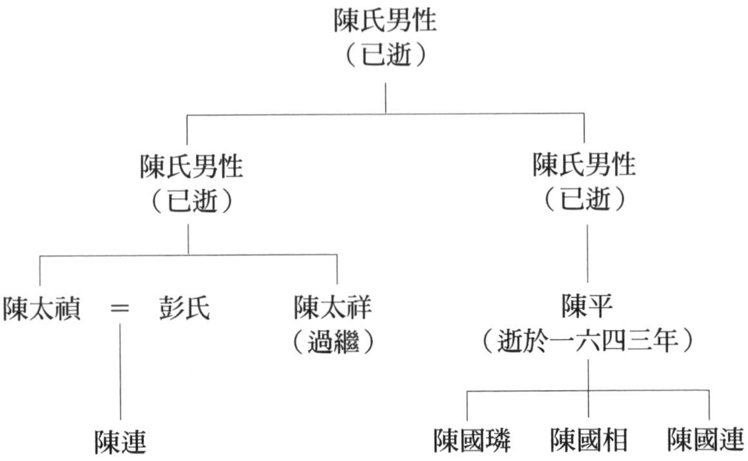

具優先權。[16]

對陳氏三兄弟來說，問題變成這樣：如何殺掉陳連這個孩子，而只受到最小的處罰，以使他們能活著繼承這份遺產。得到答案的是陳國相，而答案的成功與否，則要靠郯城縣最近的混亂情況和（再一次）對法律的熟悉度。三兄弟的父親陳平，像許多其他人一樣，死於一六四三年滿洲軍隊劫掠郯城時，但是他的屍體一直找不到，正確的死亡原因和地點也不詳。陳國相決定捏造一個故事，說他的父親是被陳連的父親殺死，而身為一個孝子，他對這件事憤怒到極點。最後他替死去的父親報仇，殺死了——不是凶手，因為凶手已死——其最近的親戚，即凶手的親生兒子。為了解釋為何在父親死了近三十年後，才有這項代父尋仇的舉動，他會宣稱在採取行動前，喝了大量的酒。

在《大清律》中，確實有一條關於兒子和父母的復仇條款，雖然陳氏兄弟未掌握全部的細節。實際的規定是這樣的：「凡祖父母、父母為人所毆，子孫即時救護，而還毆，非折傷勿論；至折傷以上，減凡鬥三等。至死者，依常律。

「若祖父母、父母為人所殺，而子孫擅殺行凶人者，杖六十；其即時殺死者，勿論。」

刑部的官員注意到「即時」一詞在兩條條文中的重要性，一六四六年在其後加入簡短的修正：如果這位兒子或孫子不是「即時」行動，而是「遲了一會兒」，他就應該按照正常法律的攻擊罪接受懲罰（「少遲即以鬥毆論」）。如果他殺死了謀害父母的凶手，就應該根據「擅自殺死一個本該處死的人」的法律接受懲罰，也就是說，打一百板（「依罪人本犯應死而擅殺律，杖一百」）。[17]

陳氏兄弟不知道這條法律的細緻之處，他們認為「兒子替父親的死報仇」，一般都應該受到官方的寬大處理。事實上，在中國早期歷史中確實如此，但為了要控制這種報仇的舉動，《清律》採取了上述實際施行的立場。陳氏兄弟不了解，法律既不會接受二十七年為合理的追溯期，也不會同意，凶手的兒子，就足以替代凶手本人。

一六七〇年七月六日這一天，三兄弟的老二陳國相走到郯城的村塾，陳連正在教室裡和同學讀書。他帶了一根通常用來敲打洗滌物的沉重木棒。老師不在教室裡，陳國相坐在桌子上，問孩子們老師到哪裡去了。他們回答說，他在自己的田裡工作，陳國相於是抓住陳連，把他拖出教室。教室位於廟宇邊，而就在象徵慈悲的女神——觀音殿前，他把男孩打死。[18]

第二天早上，陳國相向官府投案，承認謀殺的罪行，但是宣稱自己是出於孝心，並因為酒精作祟而犯案。他說他在廟裡碰巧遇見陳連，這次碰面引發了報仇之舉。他的申辯幾乎立刻失敗，因為私塾學童說他到教室時是清醒的，而且當著他們的面毆打陳連。再者，三兄弟對所謂的謀殺案中，其父多年前究竟在何處為陳太禎所殺，說法不一。而且提不出曾在一六七〇年夏天以前，聽他們談論過復仇的證人。事實上，證據顯示他們跟所謂的殺父兇手，融洽相處了近三十年。就像知縣的諷刺之言所說的，陳太禎很幸運在將近三十年的時間內，都未曾在姪子喝醉時撞上他。

因此陳國相不是在他所希望的孝心復仇條例下受審，而是根據律典中另一個大不相同的條例——毆打二、三或四等親的親戚（「毆大功以下尊長」）——量刑。知縣的意見是：鑑於兇手和被害者的關係，罪名應該為「毆打三等親至死」（「毆殺小功親屬」）。因此不管陳國相比陳連年長或年幼，因為他設計殺人，所以判絞刑。[19]

彭氏沒有拿回她的牛或錢，因為三兄弟中的老么帶著牛和錢，從郯城逃過邊界，找不到人影。她的孩子死了，現在沒有夫系的男性直系血親，於是族長受命指定陳氏支房中的一員為她的後嗣。

第四章

爭鬥

The Feud

蒲松齡對家庭爭吵知道得很清楚。下面是他描述他自己早期婚姻生活的經過：[1]

我是父親的第三個兒子，十幾歲時還未訂婚。我的父母親聽到劉公準備給他的二女兒訂親，就透過媒婆開始議親。有人批評我父親的窮困，劉公回答道：「我聽說他像那些在世上忍受屈辱的神仙一樣，也聽說他教兒子讀書，不因為窮困而放棄課業。他要確定他們不會誤入歧途，所以窮有什麼關係？」於是他們擬定了婚約。一六五五年，謠言四起，說朝廷將選一些出身良好的女孩做妃子，每個人都變得很不安。起初劉公不相信這個傳言，但是不敢堅持己見，所以跟別人一樣，把女兒送到女婿家住。她那時十二歲，跟未來的婆婆董氏睡在一間房裡。謠言平息後，她回到自己家。

兩年後我們成婚。她溫柔深情、樸實寡言。雖然不像嫂子們那樣聰明伶俐，但也不像她們一樣讓婆婆不快。我母親常說她有一顆赤子之心。她非常喜歡她、寵愛她，碰到人就稱道。這使我大嫂更加惱怒。她聯合我另一個嫂嫂，一起來對付我太太，責怪我母親偏袒，並不斷暗中偵察。但是，我母親繼續正直、公平地行事，用愛來維護我太太，好像是自己的孩子一樣——她對偏房的庶子也如此——從不留下任何話柄。

然而，其他兩位嫂子用最笨的藉口找我母親的麻煩。她們引起永無休止的吵鬧，長長的舌頭永遠不會靜下來。最後我父親說：「事情不能再這樣鬧下去了。」於是把二十畝田分給幾個兒子。那年收成不好，我們只得到五斗的蕎麥和三斗的小米。其他人拒絕接受破敗的工具，吵著要拿那些完好的，但是我太太依然不出聲，彷彿啞巴一樣。我兩個哥哥最後都得到獨立的主房，每一棟都有完整的廚房和客廳。我是唯一要全部搬出去的人，最後搬到一棟有三個房間的老舊農舍，農舍的牆沒有一面是完整的，四面長滿了小樹，所有的東西都覆蓋著荊棘和雜草。（附錄4.1）

從這些經驗裡，蒲松齡發展出他一些最野蠻的故事：其中一篇是講一個大家族中的兄弟與繼兄弟——每個人的名字都取自一項完美無瑕的儒家德目——在一連串日趨激烈的惡鬥中，把家給拆散了。[2] 此外，從他對地方盜匪集團的觀察，和流行的鄉野傳奇中，他超越了單純的模仿，看到社群內赤裸裸的恐怖所造成的後果，看到不幸如何孵化出輕率、鹵莽，以及幾乎無法處理的突發和不理性的暴力。蒲松齡對當地官員處理這類狀況的能力沒有什麼信心，下面這則關於崔猛的故事，其道德教訓只是要說明：這種暴力必須完全用個人的意志來控制；如果把個人意志朝社會整體利益的方向引導，那麼我們可以期望，最後它也許可以用來彌補官員的疏忽，讓地方村民得以保護自己。[3]

崔猛，字勿猛，是建昌一戶望族人家的兒子。他的個性剛毅倔強，小時在私塾讀書時，同學中只要有人稍有違逆，他就會撲上前去毆打一番。老師不斷嘗試阻止他，都沒有用，所以給他取了這個名和字。

崔猛十六、七歲時，已經練得一身好武藝，手撐一根長竿子，就可以跳到房頂上。他好打抱不平，所以鄉人都尊敬他，找他求助訴冤的人擠滿了他家的門庭和大廳。崔猛抑強助弱，不在乎是否樹敵。如果有人反對他，他會用石頭或棒子把他們打得肢殘體破。所以每當他怒火發作時，沒有人敢勸阻他。

崔猛唯獨對母親非常尊敬，只要母親一到，他就平靜下來。她會責備他的行為，而他會服從她所有的命令。但一旦母親離開，崔猛便忘得乾乾淨淨。

隔壁人家住了一位刁悍的婦人，她殘酷地虐待婆婆，老婦人幾乎被餓死。老婦人的兒子經常偷偷餵她食物，但一旦被惡婦發現，她就會用種種藉口咒罵老婦人，所有的鄰居都聽得到她的叫罵。崔猛被惹火了，他翻牆越過惡婦的家，割掉她的鼻子、耳朵、嘴唇和舌頭，她當場就死了。崔猛的母親聽到這件事，非常震驚，她把這位鄰居請過來，用盡一切方法安慰他。她還給了他一個年輕的奴婢，整個事情才平息下來。

但接著崔猛的母親慟哭不食。這下他慌了，跪在她面前，求她鞭打，並表示深刻的悔意。他的母親繼續哭而不答，直到崔的妻子同跪在旁邊才停止。母親這才杖責崔猛，並拿針在他的前臂刺上十字形的圖紋，用紅土抹入針刺之處，讓它們永遠無法消除。崔忍耐下來，母親才開始進食。

崔猛的母親很喜歡施捨食物給前來化緣的和尚和道士，他們常常來她家，飽食一頓。有一天，崔猛在門口遇到一位道士，道士凝視著他說：「郎君看起來，滿身都是橫暴之氣，我恐怕難保閣下的善終。積善之家，不應該這樣的。」

崔猛才從母親那兒受到警告，所以當他聽到這句話時，恭敬地回答道：「我自己也知道，但我一看到不平之事，就無法自制。如果我強迫自己改變，就可以免除這種命運嗎？」

「我們暫時先不要管能不能免除，」道士笑著回答：「首先我要你問問自己是否能改變。你必須竭力控制自己，但如果你有萬分之一的機會做到這一點，我就會授你避死之道。」崔猛從來不信驅邪之術，所以只是笑而不答。「我知道你不信這套，」道士說，「但是我說的和巫術無關。如果照著做，也是一件發揚美德的好事，即使不成功，也不會有任何傷害。」崔猛於是請求道士進一步指點，他回答說：「門外有一個小孩，你必須和他結成好友。他就是那個當你被判死刑時，有能力救你活命的人。」道士把崔猛叫出門外，指出他說的人。

這個男孩姓趙，名叫僧哥。趙家原是來自南昌，但因為那裡鬧了一年的大饑荒，所以他們搬到建昌。從這時起，崔猛對趙僧哥展現出最大的情意，他邀請僧哥到家裡跟他同住，他要什麼，就給什麼。趙僧哥這時十二歲，他登堂拜望崔母，和崔猛結拜為兄弟。第二年，趙家的家長到東邊處理一些事情，帶著全家離開，崔猛因此和僧哥失去聯絡。

自從隔壁人家的妻子死後，崔母就緊緊看著她的兒子。如果有人前來訴苦，她會不客氣地把來人攆走。有一天，崔母的弟弟過世，崔猛跟她前往喪家弔唁。在路上遇見一批人，捆著一個年輕人，他們咒罵著，要他快走，並毆打他。想一探究竟的圍觀群眾把路給堵住了，旅客都走不過去。崔問發生了什麼事，認識他的人都爭相圍上來，向他解釋。

事情的經過是這樣的：某位知名仕紳的兒子，在地方上橫行霸道。他注意到李申之妻的美色，決心占為己有。因為找不到藉口，就派了一位家裡的侍從去跟李申賭博。兩人對賭時，他以高利借給李一大筆錢，並要李拿自己的妻子作借款的擔保，李輸得愈多，他就借得愈多。第二天清晨，李已經欠了幾千兩銀子。半年過去，本金加利息超過了三萬兩銀子。李申無法還錢，於是他們派了一批人強行捉走他太太。李在門外哭號抗議，他們把他拖走，綁在一棵樹上痛打一頓，並用錐子刺他，直到他被迫簽下「無悔狀」，不再追究此事。

崔猛聽到此事，怒氣竄得像山一樣高——他鞭馬前進，彷彿要開戰一樣。但是他母親打開轎簾叫道：「嘿！你又要開始了嗎？」崔猛因此打住。他們弔喪之後返家，但是崔既不講話也不吃東西。他一動也不動地坐著，眼睛直瞪前方，彷彿被什麼事所激怒。他的太太問他什麼事，他不吭聲。那晚他和衣躺在床上，翻來覆去直到天明，第二天晚上，也一樣和衣躺在床上。突然間，他開門出去，忽然又回來躺下。這種動作持續做了三、四次，他的太太不敢問他，只能焦急地躺在床上，屏息傾聽。最後崔出去了好一會，回來後，他關上房門，呼嚕大睡。

同一天晚上，騙妻者躺在床上時，被人殺害——他的肚子被剖開，腸子流出來。李申的妻子，也被人發現赤裸裸地陳屍在床邊地板上。

官府懷疑李犯下此案而予以逮捕，他們用夾板殘忍地拷問他，打到腳踝見骨，但他還是不承認。最後，過了一年多，他再也受不了這種折磨，做了不實的招供而被判處死刑。

此時，崔猛的母親過世。葬禮結束後，崔對太太說：「老實說，是我殺了那個人，但因為老母在世，不敢承認。現在我對她的照料已了，怎麼還能讓別人承擔我犯下的罪行？我必須向官府自首就死。」崔的妻子嚇得抱住他，但他掙脫而去，向衙門自首。知縣大吃一驚，把崔猛關進牢裡，打算釋放李申。但是李不願離開，堅持他是真正的犯人。知縣無法判決，把兩人都關在牢裡。李的親戚都來勸他，但是他說：「崔公子做的是我想做卻沒能力做的，在他替我做了這件事後，我怎麼忍心看著他被處死？今天就當崔公子沒有出來自首就是了。」他拒絕撤回供詞，而和崔猛爭相認罪，直到最後衙門裡的每個人都知道事情的真相。李被強迫釋放，崔猛則被判處死刑。

就在他處決日前，一位來自刑部的趙姓官員，碰巧在此區檢視死刑犯的名單，看看是否有人可以減刑。當他看到崔猛的名字時，就命左右侍從迴避，然後召他來見。崔進來後，抬頭看著堂上，認出是趙僧哥！兩人又悲又喜，崔告訴他事情的真相，趙徘徊良久，仍然下令把崔關進牢裡，但告訴獄卒好好對待他。他根據自首認罪的律例減輕崔的刑責，把他判到雲南充軍。李自行登記為崔的僕人，跟他一同前往。不到一年，他獲得特赦返家，這又是由於趙的幫忙。

崔回家後，李始終跟著他，幫忙管理所有生意上的事情。崔給他錢，他不接受。他對爬竿、拳擊等本領，頗感興趣，崔猛對他極為體恤，給他買了一個太太，並給他土地。崔現在決心痛改前非，每次他觸摸前臂的刺青疤痕，眼睛就會閃爍著淚光。如果地方上的鄰居發生爭吵，李就會假裝奉了崔猛之命，前往調解，卻隱瞞著不讓他知道。

有一個王姓的監生，家裡有錢，卻作威作福。四方的無賴之輩或素行不良之人，常常聚集在王家。地方上的殷實之家，許多都遭到掠奪，如果他們企圖抗議，王會派盜匪在路上把他們殺掉。王的兒子跟他父親一樣好色殘忍，兩個人都跟王的寡嬸維持不正常的關係。王的妻子仇氏試圖阻止，結果被王勒殺。仇氏兄弟因此正式向知縣提出控告。可是王賄賂了知縣，仇氏兄弟反而被控誣告。幾個兄弟不知該向何處求援，去找崔幫忙，但被李攔下，把他們打發走。

幾天後，有幾個客人來訪，碰巧僕人都不在，崔要李申出去準備茶水。李默不作聲離開房間，稍後他跟某個人抱怨：「我是崔猛的朋友，跟他流徙了一萬里路。你不能說我表現不好，但他從沒給過我工錢，反而待我像僕人一樣。我不喜歡這樣。」說完生氣地離開。這個人將李申的話轉告崔猛，崔雖然沒什麼舉動，但對李的改變很驚訝。

李在沒有預警的情況下，向知縣衙門提出控訴，控告崔猛三年沒付他工錢。崔極端訝異，親自和他對質。李生氣地和他爭論，但知縣不相信李的說詞，把他打了一頓後逐出衙門。幾天後，李申突然在夜間闖入王家，殺掉王氏父子和寡嫿。他在牆上貼了一張紙，上面寫著他的名字，但當巡捕前來逮捕他時，他已消失不見蹤影。王家倖存的成員懷疑崔是嫌犯，但知縣不相信。這個時候，崔猛才開始了解李先前的指控，目的在使崔不被捲入稍後的殺人案件。逮捕李申的通緝令被送到鄰近的幾個縣分，但因為此時李自成的叛亂（注：李自成於一六三〇年代，在中國西北舉事叛亂，**一六四四年攻占北京，結束了明朝。同一年，他被滿洲軍逐退，後者建立了清朝**）烽煙四起，整個案情漸為人遺忘。明亡後，李申帶著家人回來，並和崔猛重拾往日的友誼。

此時盜匪蜂起，王的一個姪子王得仁集合了一幫過去由他叔叔招募的惡棍，在山中建立基地，落草為寇，掠奪當地的村莊和田野。有一天晚上，王得仁糾眾下山，說要找崔猛報仇。崔恰巧不在家，李申幸運地看見他們過來，及時越牆逃走，躲在一個安全的地方。盜匪們到處搜尋崔猛，卻找不到他，於是帶著他的妻子和所有值錢的東西離開。

李回來時只剩下一個僕人，他非常震驚、沮喪，不知道該怎麼辦。李拿了一條繩子，割成幾十段，短的給僕人，長的自己留下來。他要僕人越過賊巢，爬到半山腰，在那裡點燃一段段的繩子，散掛在荊棘上，然後他就可以回家，不必再擔心任何事。僕人答應著去了。李注意到盜匪都是腰圍紅帶，頭戴紅巾，所以他也依樣穿著。門外有一匹剛剛產完小馬而被盜匪留下來的牝馬，李拴住小馬，給牝馬上了鞍，銜枚出發了。到了盜匪搶占的一個大村落的土匪窩後，他把馬拴在村外，然後翻牆而入。他看到一群盜匪四處移動，身上還帶著兵器，李申很技巧地問出崔妻的下落，知道她被關在王的房裡。不久，傳出號令，要眾人就寢，轟的一聲，眾人齊應。突然有人大叫說：東邊山上起火了。所有的盜匪於是聚在一起觀看，一開始只有一、兩粒火花，但愈來愈多的火花像星星一樣出現。李上氣不接下氣地衝出來大喊說：東山危險。王被驚動，戴上盔甲，率領部隊離開，李乘機溜到部隊的右邊，返身回到村裡。

他看到兩個盜匪在棚子下站崗，就對他們說：「王將軍忘了他的佩刀。」當兩人急忙進屋找刀時，李從後面猛砍他們的頭！一個倒地而死，另一個回頭看著李，李把他的頭也砍下來。李背著崔妻爬過牆，解下馬來，然後把韁繩交給她，說：「妳不知道回去的路，就交給馬去找好了。」牝馬快步奔離，急於回到仔馬身邊。李跟在後面，一直到山裡的一處狹谷，在那裡他點燃繩索，懸掛在各處，然後回家。

第二天，崔猛回來了。由於遭此大辱，身心都為激烈的憤怒之情所撕裂，而想單獨騎馬去攻擊盜匪，但是被李申技巧地勸阻。他們聚集所有的村民，共同商議戰略，但大多數村民都很膽小，不敢採取行動。經過多方勸諭解釋後，他們找到約二十位看似勇敢的村民，但不幸他們沒有武器。碰巧此時他們在王得仁的親戚家捉到兩名奸細，崔正要殺掉他們時，為李所阻止。他吩咐這二十位村民手持白木棍，在兩個盜匪前排成一行，然後割掉他們的耳朵，放走他們。村民們都很生氣地對李說：「像我們這種裝備，正害怕盜匪知道。如今反而把虛實告訴人家，萬一他們發動全部人馬，向我們進攻，這村莊一定保不住了。」

「我就是要他們來。」李說。首先他抓出並殺掉那些藏匿盜匪的人，然後派人到各處去弄了些弓、箭和火槍，他自己則去城裡借了兩門大砲。

黃昏時，李申帶領一些強壯的村民，來到山區的狹谷，把大砲安置定位，留下兩個人掩藏著火種埋伏好，並要他們看見盜匪就開砲。然後他走到山谷東邊的出口，砍下一堆樹，放在山崖上。他和崔猛每人各帶十人，埋伏在峭壁邊。一更將盡時，他們聽到遠處的馬嘶聲，土匪果然蜂擁而來，人馬絡繹不絕。村民們等所有的盜匪都進入山谷後，將樹滾下，截斷他們的退路。同一時刻，大砲也開始射擊，哭喊聲震天，充塞整個山谷。盜匪後退逃竄，彼此互相踐踏，但當他們退到東邊山谷的入口時，卻無法通過，又沒有其他的方式可逃。矢石砲彈像雨一樣，從兩邊的峭壁上射下。斷頭殘肢的盜匪橫七豎八地堆在山谷中。

只有二十多個盜匪還活著，他們長跪在地上，乞求饒命。有人受命下去把他們綁起來，當成俘虜帶回。村民們乘勝直搗賊巢，守巢的衛兵聽到他們來了，紛紛逃避，村民於是從營裡拿走所有的軍備回家。

崔喜不自勝地要李說明他早先的點火計畫。李回答說：「我吩咐僕人在東邊山上點火，是怕盜匪向西邊追趕。我用了一些短的繩子，是要它快點燒起來，以免敵方的斥堠發現那裡沒有人。我在山谷入口處放火，是因為入口很窄，可由一個人阻斷，如果盜賊追我到那裡，看到火時會被嚇回。這是一個針對危急時刻設計的下策。」他們問了幾個捉回來的盜賊，盜賊證實曾追趕李到山谷裡，但看到火時被嚇住而撤回。

他們割掉這二十個盜賊的鼻子、耳朵，然後放走。從此，兩人的聲名大震，四方的避難者都前來追隨，擠得像趕集一樣。兩人組織了一支三百多人的民團，各地凶殘的盜匪，沒有人膽敢攻擊，地方的百姓靠著兩人而得到安寧。（附錄4.2）

在郯城縣住著一戶王姓人家，可能是蒲松齡杜撰的王家的原型。王家的戶長叫王三，他原先住在郯城縣東北二百五十英里處的棲霞縣，曾是于七軍的先鋒。這支反賊曾在一六六一年到一六六二年初，在山東山區和三支清軍對峙數月之久。圍攻的軍隊將反賊擊破，並對叛軍基地區的村落採取凶殘的報復措施後，于七設法逃走，留下許多屬下遭到處決。王三也在同時逃走，到了郯城。在這裡，他用帶來的錢，在縣區正南的五丈溝買了一座樓堡，這樣他就可以在緊急時，溜過邳州的邊界，離開山東的轄區，進入江蘇省。村民們曾看到成群的馬隊，在夜晚帶著弓矢，騎馬到他家，而王家的人也經常連續幾天騎馬外出，但沒有人敢向官府揭發這個家族。[4]

王三有個跟他一樣難纏的兒子，名字叫王可習。他娶了當地莊姓地主的女兒，這位莊姓地主除了把女兒嫁進王家，還立契出讓六十英畝的良田給王家。莊進行這兩筆交易的動機，是要從王家買得保護，因為地方上每個人都知道王家人是盜匪兼地主。

郯城沒有提供蒲松齡虛構的英雄——凶猛的崔猛——的原型，或許當地一個叫李東振的農夫，比誰都更能捕捉住像崔猛一樣獨立不羈的神韻。李住在郯城西南十五英里，靠近滂溝集的地方。他在此有一棟疏落錯置的房子——幾間土牆和泥土地的房間繞著一個中央庭院，外面是一片圍牆。房子雖大，卻有些簡陋，沒什麼可偷的。七個兒子有六個跟他住在一起，長子李瑗搬到附近的泥湖村，自謀生計。

父親和大兒子兩個人都希望承租莊家擁有的六十英畝地，因為這塊地緊挨著他們的地，根據鄰居說，他們對此「有垂涎之意」。當莊在一六七〇年春天把這塊地立契轉讓給王三時，他們簡直氣瘋了。李氏父子任由牲畜亂跑——好幾次他們的驢子和豬，越過王家新田的標界——以表達對莊把土地轉讓給王家的失望。[5]

初夏有一天，王可習跟幾個人到田裡耕作時，發現李瑗家的一隻豬正在挖地。他殺死了這頭豬，並咒罵李東振放任他的牲畜踐踏王家田地。李東振也火了，罵王家人「仗著響馬的勢子」。雖然這樣說再真實不過，王家卻斷定這項最新的指控，是一種公然挑釁的舉動，不能原諒。[6]七月六日（恰巧在這一天，陳國相在市區附近打死了陳連），他們跟三個朋友在家裡碰面，計畫對李的侮辱加以報復。他們決定再多找兩個人——莽撞出名的蘇大和老練可靠的李胖子，然後派了一個同夥，去算命的那裡問問哪一天是「舉事」的黃道吉日。算命的推薦「雙六」日，農曆六月六日（七月二十二日），所以王家安排在那天傍晚行事。

二十二日下午，王家一夥人暗藏凶器，騎驢越過鄉間。他們把驢子留在李東振家後面的小山上，然後躲到樹下的草叢裡，直到夜晚降臨。他們總共來了八個人；一個留下看守驢子，王三負責把守房子後面的路，兩個人被派去看守前門口，王可習用紅泥巴抹了臉，以免被人認出。他和另外三個人翻牆進入李東振家的院子裡。那晚很熱，李跟兩個朋友，還有幾個兒子躺在院子裡。他還來不及站起來，王可習就在他心口刺了一槍。李蹣跚地站起來，大叫道：「是誰？」又一刀砍在他脖子後，另一刀刺穿他的側骨。然後是老七。第六個兒子朝門口跑去，但被砍倒（第二天死去）。女性未遭傷害，但是兩個客人都受了傷，並被迫告知王其他兒子的下落。這個時候，老三儘管頭部中了一刀，仍能跑到鄰居家，鳴鑼示警。聽到鑼聲，凶手們重新集結，騎驢返家。[7]

整整三天，李家倖存的成員試著決定該怎麼辦。他們沒人敢直接指控王家，鄰居不敢，受傷的客人也不敢。李家最後決定對莊家——把土地讓渡給王家的鄰居——提出仇賊劫殺父子四命的雙重指控。[8]李家人估計，莊為了要免除對自己的指控，最後必定會牽扯出王家。雖然捕役根據李家人的指控，逮捕了莊某，並將他帶到郯城縣城審問，但是沒有人會想到，王三竟厚顏地親自來到公堂，發誓說莊某是良民，沒有理由逮捕他，而他王三，願意具狀擔保莊的行為。[9]接著，他在滿堂差役的驚訝注視下，護送莊離開公堂，沒有一個差役敢挺身相抗。

兩個星期後，李瑗提出另外一項告訴，這次是關於「劫殺四命」，省略不提復仇和搶劫，也沒有指名控告誰。剛就任知縣的黃六鴻，決定試著找出隱藏在這些不同指控背後的實情，雖然他知道很困難，因為即使在他自己的衙門內，安全防衛都很差。然而他最少找出了二十四個分散在本縣四鄉之內的地方無賴的下落，這些人在他自己的衙門裡都有不同層次的關係，他一作成任何決定，他們立刻就得到消息。[10]

知縣的方法是迂迴以進。他先召喚李瑗作了一次私人夜談，面談中他保證幫助李家對凶手報仇，因此說服李瑗說出全案的主嫌。李點名王家，並提供凶案的細節後，黃送他回家。第二天，他傳喚了一位確定可以信任的捕役余彪，問道：「你知道殺害李東振父子的盜賊的名字嗎？」

余警覺地看了他一會，回答道：「雖然我知道是誰幹的，但不敢告訴大人名字。」

黃：「那麼只要告訴我如何逮捕他歸案就可以了。」

余：「要捉他並不難，只擔心走漏風聲。」

黃：「你知道誰和他有仇嗎？」

余彪又想了一段很長的時間，然後回答道：「縣裡有個叫管明育的人，弟弟被這名盜賊殺害，每次他提起這件事，就難過得掉淚，但卻不知道要如何報仇。」[11]

黃繼續小心地行事，因為僅是召喚這個管某，就可能使他遭受報復。替代之道，是傳喚管的堂弟管明告，後者正捲入一件刑案。然後讓管明育以莊頭的身分陪他聽審。審訊後，他傳喚管明育作了一次私人交談，談話再度以問答方式進行：

黃：「明告是你弟弟嗎？」

管：「不是，他是我堂弟。」

黃：「你是獨子，沒有弟弟嗎？」

管：「我有一個弟弟，但已經亡故。」

黃：「他是怎麼死的？」

管：「被賊人殺害。」

黃：「哪些賊人？」

管：「大人既然問我這件事，一定知道盜賊是誰。殺我弟弟的人是王三。我弟弟當時十三歲，在田裡收割時，不小心誤入王三的田地。王三把他綁起來，拖到家裡殺害，並埋在他家後花園的某處。我不敢告訴大人我到現在還有多麼恨他。殺害李東振父子的是同一個王三。如果大人有何吩咐，請儘管告訴我。」

黃：「手足之仇豈可不報。後天我會到東鄉檢查稅收的情況，當天早上，你必須到王三家去一趟，確定他在家。我會命令余彪躲在花園牆後，只要你一告訴余，我立刻就到。如果走漏任何風聲，我就取你性命。」

然後黃取出六兩銀子，給了管三兩，並答應在王三被捕之後，給他另外三兩。[12]

在黃這一方面，為了履行雙方的約定，他必須聚集一支夠強的兵力去逮捕王家人，而且這個消息不能事先讓他們知道。至少在理論上，他有足夠的部隊去處理這個情況。在郯城縣有三支正規軍：一百五十名士兵駐紮在縣城，用以防守城區或鄉間較小的集鎮；八十名在縣的最南端，也就是重要的紅花埠驛站值勤；二十一名被指派防守通衢要道上的七間政府客棧。這些兵力約四分之一劃歸為騎兵，剩下的是步兵。另外有一百三十二名騎兵和馬夫，屬於另一個主要的驛站。知縣自己的屬員有一百零三名；其中有五十名民壯（鄉勇），十六名皂隸和八名馬快。這些馬快似乎是黃六鴻最可靠的僚屬——他們年薪十七兩半，幾乎是年薪六兩的皂隸和士兵的三倍——受過良好的訓練，而且忠誠；但是其他人就有問題了。由於沒有特別共通的精神，營兵和馬夫之間不斷起爭執，甚至在街上爭吵，而營兵和騎兵兩者都對胥吏、差役暴力相向。馬匹狀況極差，且數量遠不足規定的一百三十匹，馬廄裡的馬許多都羸弱得不堪乘騎。甚至負責管理城區營兵的千總朱成名——雖然他很勇敢，而且是個好軍官——也因為和王家有良好的關係，而不能在這件案子上有所倚借。[13]

為了把走漏消息的機會減至最低，黃知縣只簡單地宣布他要到馬頭鎮一帶作例行的檢視旅行。在跟管明育談過話的那一天傍晚，他聚集了一組近四十人的馬隊——包括八名馬快和三十名他自己的民壯——向馬頭鎮出發。朱千總自願一同前往，黃說不需要，但告訴他可以第二天在重坊集附近碰頭。為了逼真起見，黃知縣和他的人馬冒雨向西騎了六英里到馬頭鎮，但並未停留，略事休息後就離開，然後徹夜向西南騎往重坊，在破曉前一刻抵達。此地距王家約六英里，他們在此進食、休息，捕役余彪則往約好的地點和管明育碰頭。[14]

一行人正在吃早餐時，余彪急馳而回，說管明育已依計畫到達王三家裡，要向他致意，並帶了兩隻鵝作禮物。王三大為高興，請他進屋，兩個人一起喝了點酒。但是黃知縣必須趕快行動，因為王正計畫在早上稍晚時騎馬到澇溝趕集。黃六鴻剛和朱千總帶來的二十名騎兵會合，然而即使在向王三家急馳而去之際，他還是拒絕告訴朱要去哪裡，只是大聲說：「到了你就知道。」

儘管有這些精心的預防措施，他們到達時，王三不知怎麼已經有所警覺。門被拴住，有些人拿著神槍火器，有些拿著劍，都站在定位。而王三（被黃的一名馬快認出）整個人站在牆上，拿著一支方天戟。

黃最擔心的是，王的人馬會分散到附近茂密的高粱田中，而且他知道攻打這座莊園是一場惡鬥。所以當王佯裝退到屋後時，黃將計就計，帶領自己的親兵到屋後，希望王會乘機逃到邳州，如此一來，他就可以在接近邊境的平地設下圈套逮捕他。「我們引虎下山」，黃告訴左右巡捕。王三和二十名賊眾從前門騎馬而出，黃隨後追趕。他們到達邳州邊境時，王依然領先他的追捕者，朱千總則按兵不前，說官兵越界違反規定。追逐的刺激，讓黃超越平常作為行政者的謹慎，大叫道：「郯官兵追賊，何例乎？」然後帶著人馬過河。

在河的另一邊，背靠著一座小山，王三和他的徒眾正等著他。我們不清楚他們為什麼要停在那裡；或許是馬疲了，或許他們以為郯城人會停在自己那一邊的邊界，或許他們認為知縣的人馬沒有大戰一場的決心。後者最有可能，因為王三一夥立刻採取攻擊，用矛把朱的一名管隊刺下馬，同時刺向另一名的胸部。這兩名管隊因為穿有胸胄，所以受傷不重，卻讓其他人喪失勇氣，停滯不前。直到知縣的一名內丁用箭射中敵營一人的前心，將他殺死，情勢才為之改觀。民壯的情緒，因為管明育帶領約三十名武裝村民抵達而為之一振。現在王家人大約是二十人對九十人，一場惡鬥於焉展開。[15]

王可習被管明育用棍子打昏，王三縱馬救兒子時，被箭射中胸部落地。王的其他三個同伴，不是被殺，就是被活捉，其他人紛紛逃走。黃沒有追他們，他已經抓到兩個他最想要的人。

二王被帶回郯城縣城，徹夜訊問。王三的箭傷開始潰爛，在訊問中死亡，不過是在承認參與殺害李東振之後。王可習也坦承不諱。儘管王三已死，郯城卻陷入一片驚慌。仕紳們開始收拾細軟，害怕王的黨羽會掀起一場全面性的叛亂。有人試圖從獄中救出王可習，此事讓黃感到非常不安，所以下令把他運解到北方沂州更牢固的監獄中。

王家人被捕後的第一天，郯城西南的一些村落，有超過八十戶人家逃離，他們應該是和王三一夥有關係。他們大概是害怕遭到報復，但不清楚他們害怕的對象是誰：其他幫派分子、知縣的部隊或是他們自己的鄰居。[16]

王三在郯城居民的記憶中，久久不散。雖然王受傷而死，顯示他並不像許多人所相信的，是一個天魔。然而人們無法忘記他活動的範圍、黨羽的規模，或那驚人的虛張聲勢：明明自己是凶手，卻親自到公堂，為被控的代罪羔羊作保。

王家人承認犯下律典中最嚴重的罪行之一：「殺一家三人。」條文為：「凡殺（謂謀殺、故殺、放火、行盜而殺）一家非（實犯）死罪三人，及支解（活）人者，凌遲處死；財產斷付死者之家；妻、子流二千里；為從者，斬。」[17]因此，人們也許會認為李東振的遺孀和四個遺子，在這件法律糾紛解決後，應該可因為王三這些年來累積的錢財而變得富有，但事情卻非如此。當黃清點五丈溝王三家的財產時，吃驚地發現：三間房子中，沒有一間有值錢的東西，只有一些簡單的家具；而在寬廣的馬廄裡，雖然地上的馬糞盈尺，卻沒有一匹馬，只有幾隻驢子。王的一位佃戶提供了答案：王在郯城不留任何值錢的東西，他只把郯城作為基地，而將每一樣值錢的東西，都運到跨越江蘇省界的邳州，由他的歃血兄弟朱貢生看管。沒有證據顯示，知縣曾著手進行必要的行政和法律程序，去削減一位江蘇貢生的財產，並將之移轉給山東的一戶農家。[18]

第五章

私奔的女人

The Woman Who Run Away

馮可參在《郯城縣志》傳記部分所書寫和徵集的記憶，要求的是最高的標準，並宣稱代表了最高的標準。這對女性而言，較男性來得更為真實，而這些「節烈婦女」傳記的傳播，是地方賢能之士——他們完全根據政府宣稱的價值觀行事——將心目中正確的女性舉止，強加在他人身上的重要方法之一。他們所謂的正確舉止，一般是就女性對丈夫而言。因為五十六篇印於一六七〇年代的郯城女性傳記，只有三篇是關於未婚女性的，而這三位中，又有兩位是已訂婚並準備結婚的。他們鼓勵的德行有貞潔、勇敢、不屈不撓和對通行的等差制度毫無疑問地接受——必要時甚至以死相從。[1]這些女性中，有十五位自殺，其中十三位自殺的動機，是忠於過世的丈夫或避免遭到強暴，因為強暴會讓先生和太太一起蒙羞。相對於黃六鴻嚴厲批評的為復仇或出於憤怒而自殺，這些自殺（如果是沒有子嗣的女性）在道德上被視為「正確」，因為它們顯示出女性對丈夫的高度尊敬。即使先生在地方上不再擁有良好的聲名，這些自殺仍為人稱讚——從高氏的例子可以看出。這位女士前往探視病篤的丈夫，後者因謀殺罪繫獄。在牢裡，她企圖用纏腳布吊死自己和先生。她的企圖被獄卒擋下來，並不許她再探監，她只好到城隍廟，向城隍祝禱道：「婦人從一而終，夫之不幸，妾之不幸也！奈何獨生？妾志定矣。與其身殉于終，孰若斷之于始。妾之事，惟神鑑之。」於是她在城隍廟的廊下上吊自殺。[2]這些自殺事件，不限於受過理學忠貞思想洗禮的士族成員：在丈夫因病過世後自殺的劉氏，是木匠的女兒，她的丈夫是個農場工人；另一位則嫁了一位在李家莊和萊吾鎮之間買賣往來的小商人。[3]

妻子必須忠於丈夫，是一種強烈的堅持，甚至適用於訂婚而未結婚的女性。另一位劉氏，未婚夫張壽在婚禮完成前過世，劉的父母偷偷安排，把她許配他人，她「截髮毀面」，發誓永遠忠於應該成為其夫君的人。她堅持侍候張的父母，當他們是公婆一樣，並終身和他們過著簡樸素食的生活。[4]更嚴厲的是一個年僅十三歲的小女孩的傳記，她跟未婚夫劉某的家人，一起住在郯城北方的望天社。這種安排在當時非常普遍——年輕的女孩可以得到食物和保護，未來的婆婆則得到額外的幫手幫忙家務。但在一六五一年正式的婚禮舉行前，劉遭人毀謗，說他和寡嫂有染。出於澄清名聲及證明自己的清白等衝動的想法，他把自己給閹了。他的父母和年輕女孩的母親都表示婚約如今已不成立，因為「劉已廢人」。他們安排一門新的親事，但是當新丈夫被召來時，年輕的女孩藉口說在接待他以前，必須先沐浴淨身，於是關上門，投繯自盡。[5]

這類故事保留在活生生的記憶和書面紀錄中。一六七一年，還有很多活著的人可以向當代人傳述過去的犧牲：王氏的公公七十多歲；曾經做過社長的郁純已過了九十歲；范寡婦八十一歲，她的傳記顯示在一六一五年大饑荒時，她已經生了兒子——當時，人「或數十文錢，郎鬻其妻，一二饅首，郎鬻其子」——並在一六二二年，白蓮教叛徒誘使許多郯城人送命時，變成寡婦。[6]對大多數上了年紀的生還者和年輕的子孫輩來說，最冷酷的故事必定是環繞在一六四三年清軍掠奪他們的城市時。正是從這些故事中，我們可以找到一些最典範的案例。登錄在郯城貞烈傳中的女性，最少有九位的丈夫在那年被清軍殺死，《縣志》中也描述了其他四位烈婦如何結束生命：謝氏和田氏嫁了兩兄弟而住在一起，當部隊接近時，她們在同一根梁上用自己的腰帶上吊而死，一個二十四歲，另一個二十歲。[7]何氏在五年前，丈夫過世，成了寡婦。她企圖帶著六歲女兒逃跑時，被士兵捉個正著；她反抗不從，士兵用刀擊之，她突圍而出，投入井裡，雙手還懷抱著女兒。第二天，鄰居聽到小女孩的哭聲而救了她一命，不過何氏已經身亡。[8]當部隊掠奪屋外的房間時，陳氏正和八歲的兒子在自宅的中庭等待。她的丈夫已離開前往城裡某處，試著在兄弟的協助下，把母親帶到平安的地方。陳氏和兒子相泣於中庭，士兵進入房間，把她拖過房門，帶到屋外。她奮力掙扎，對他們大吼、咒罵。當他們把她拖過大門丟到街上時，她依然不停咒罵，因此遇害。[9]

其他一些人在郯城倖免於難。徐氏被部隊捉住並受了傷，但她設法跟六歲的兒子逃了出來。當士兵殺了楊氏的丈夫和婆婆時，她正懷著七個月的身孕。她公開為他們舉行葬禮，士兵們也任由她去做（兩個月後，部隊離開時，她產下一名男嬰）。高氏在軍隊殺害了她丈夫和年紀較大的孩子們後，抱著五歲的兒子從城牆上跳下。她向東逃逸，在嘗試渡越沭河時，差點淹死，不過被當地村民救起，並給她和男孩一個棲身之所。[10]

蒲松齡在一篇叫做〈張氏婦〉的短篇故事中，對這些女性的勇氣致上自己的敬意：[11]

> 一六七四年，三藩起來作亂時，派往南方的遠征軍，在兗州府休兵養馬；當地的雞犬房舍全部被洗劫一空，婦人和少女都遭到姦污。
>
> 在這個季節，霪雨不斷，田地積水成湖。人們無處可躲，就越過牆垣，避入聳立的高粱田中。士兵們知道這種狀況，都光著身子騎上馬，尾隨於後，在水中捉到人便予以強暴，很少人逃得過。

只有某張姓之妻沒有躲藏，公然待在家裡。晚上，她和丈夫一起在廚房裡挖了一個很深的坑，然後用茅草填滿，上面蓋了一層薄簾，再覆以草蓆，看起來像床一樣。然後她在火爐旁繼續煮飯。

部隊來到村裡時，她走出屋外，一副要獻身的樣子。兩個蒙古士兵抓住她，準備要加以強暴，但她對他們說：「我怎麼能在別人面前做這種事？」其中一個士兵咯咯笑起來，和另一個人吱吱喳喳說了幾句話，然後離開。這名女子跟另一個士兵進入屋裡，指指床，讓他先爬上去。薄簾破掉，士兵陷進坑裡。女子又另外拿了一張草蓆，放在坑的薄簾上，然後站在坑邊，引誘進來的士兵。沒有多久，士兵回來，聽到坑裡的叫喊，但不知道在哪裡。女子笑著用手招呼他說：「來啊。」這名士兵爬上蓆子，也掉了下去。女子就往坑裡扔了更多的柴草，然後放火點燃整個坑。一時烈焰沖天，連房子也燒了起來。女子大叫失火。火撲滅時，有股強烈的烤肉味，有人問她那是什麼味道，她回答道：「我有兩隻豬，由於害怕被部隊拿走，所以把牠們藏在坑裡。」（附錄5.1）

蒲松齡在故事後面附了一段簡短的評論：「巧計六出，不失身於悍兵。賢哉婦乎，慧而能貞！」

對蒲松齡的清朝編輯者來說，這個故事顯然太沒有遮攔，所以他們在故事集付梓時，將之刪除。或許對當代人而言，這些「蒙古人」分明就是滿洲人，這個故事因此幾近謀叛。但在其他許多故事裡，蒲松齡讓他的女性面對的，不是外來的蹂躪者，而是其他更複雜的社會挑戰：[12]

有一個叫宗湘若的讀書人，在秋日到外面巡視田地，在一處禾稼茂密的地方，看到作物劇烈搖動。他感到很困惑，於是沿著田畦前往一探究竟，發現一對男女正在野合。他大笑著往回走，但是這個男的很尷尬，束緊腰帶匆匆跑走。女的也站了起來。讀書人仔細端詳，發現她非常可愛，被她吸引住，很想自己也能跟她苟合，但是他對在鄉間野地上做這種事感到羞恥。他走近她，撢掉她身上的泥土，問道：「妳喜歡在鄉野間幽會嗎？」女子微笑不答。宗生把她身體拉向前，解開她的衣服。女子身體光滑如脂，他上下其手摸了幾遍。女的微笑道：「你真是個腐朽的秀才。你要想怎麼樣就怎麼樣，為什麼這麼輕狂的亂摸？」他問她的名字，她回答道：「我們春風一度，就各奔東西，你何必費神細究？難道你要記下我的名字，替我立一座貞節牌坊嗎？」

宗說道：「在鄉間草露上野合，是山村養豬的奴才做的事，我不習慣。像妳這樣的麗質佳人，即使與人私會，也應該自重些，為什麼這樣糟蹋自己？」女的似乎完全同意他的說法，所以宗對她說：「寒舍離此不遠，請妳光臨，和我共度良辰。」（附錄5.2）

女的被這種求歡方式降服，當天晚上，兩人在他家舒適的環境下發生關係。

當地社會為蒲松齡提供了無限的靈感之源，因為他對潛伏在肉慾關係裡的各種問題都有興趣：首先是現金交易關係，從他的各個故事裡，我們可以就他對女性價碼的比較評估——雖然這種評估帶有相當的嘲諷——編出一個價目表：和最高級的妓女過一晚可能要花上男人十五兩銀子，但要永遠擁有這麼一位美女，卻得花上一千兩；二百兩買一個年輕的歌女，一百兩買一個長得還不錯的妾；但只要花十兩，就可以買到一位醜陋、壞脾氣的地方仕紳的婢女做妻子；花三兩，鰥寡的農民就可以買到一個普通的妻子（一兩給書記起草婚約，一些銅錢給媒婆，還有一兩多一點給新娘的家人）。[13]蒲氏對各種不同原因所引起的離婚細節，像是家庭中的報復、背叛和挫折、文人的同性戀行為，以及醜女特有的問題等等也有同樣的興趣。像他在一篇故事〈夜叉國〉的結尾中說：「夜叉夫人，亦所罕聞，然細思之而不罕也；家家床頭有個夜叉在。」他對下列各種女人也很有興趣：能夠生了孩子馬上就去工作的強壯婦女；撫養私生子的女性；完全不打算結婚，而決心效法何仙姑一輩子過處女生活的女子——何仙姑是個神靈，曾在另一位仙女麻姑的廟裡顯靈，而根據某些記載，麻姑是郯城人。如果男人在碰到女性遲疑不前時，還能保持機智，蒲松齡也會很開心：[14]

男子趨前擁抱她時，女子說：「手拿開一下。現在我們面前有兩條路，我要你選一條。」他問她什麼意思，她回答道：「如果我們維持一種一起下棋、喝酒的友誼關係，那麼我們可以共度三十年的光陰；但如果我們沉溺於閨房之樂，那只能在一起六年。你選擇哪一個？」男的回答道：「我們六年後再討論這件事。」（附錄5.3）

蒲松齡對讀書人的天真，也有愉悅之情：這個書生過於專注在書本中，竟不知道有性這回事，直到一位美麗的女子讓他開了竅，他衝出去告訴所有的鄰居。蒲在他的故事〈顏氏〉中，為傳統的「木蘭」故事——勇健的年輕女性，女扮男裝，代父從軍，在前線作戰——寫下變奏。[15]

顏氏受過良好的教育，卻嫁給一位愚蠢、自負，在考場中不斷失敗的書生，她對他痛加斥責：「雖然你戴著男人的帽子，卻不是真正的男人。如果你讓我換上男人的髮型和帽子，我可以像從地上拔出一棵芥菜那樣，輕易通過考試。」書生聽到這句話，非常憤怒，目露怒光，生氣地回答道：「妳們這些女人，從沒到過考場，卻以為功名富貴，就像妳們在廚房裡抽井水煮飯一樣容易。」但最後他還是很有雅量地讓她一試。她在男人的大鞋子裡塞上棉塊，穿在她的小腳上，然後成功地通過考試，成為一位高官。（附錄5.4）

雖然有時會退縮成反諷或幻想，蒲還是願意寫實地指出，性的服從會如何殘害弱勢

的一方……[16]

南三復來自晉陽世家。在離家約十里處，有一座鄉間別墅，有一天他騎馬到那裡時，突然被一陣大雨困住。在他經過的一處村莊中，看見一間看起來還算寬敞的農家，於是決定去那裡避雨。因為鄰近的村民對南氏都很尊敬，屋主趕緊極其恭順地出來迎接他。南進去的房間很小，他坐定後，屋主拿掃帚清掃地板，並灑了些水，讓塵土不揚。主人替南氏準備了一杯蜂蜜茶，在南的堅持下，才敢坐下來。

南三復問他的姓名，他回答道：「廷章，姓竇。」過了一會，竇為客人進酒，然後上一些雞肉，服侍得十分周到。一個大女孩負責遞上菜肴，並不時在門外徘徊，所以南隱約看見她的體態。她十五、六歲，非常端莊美麗，看得南心動不已。雨停了，他回到家，卻揮不去對她的思念。

第二天，他帶了一些食物和布料到竇家致謝，並乘機接近竇女。從那時起，每當他經過竇家，總會帶一些食物或酒，和竇小酌一杯。女孩慢慢和他熟稔起來，不再礙於習俗而有所避諱。她會毫不猶豫地走到他面前，如果南盯著她看，她就低下頭，微微笑著。

南三復對她更加痴迷，不能三天不見一面——直到有一天，竇碰巧外出。南坐了好一會，等竇回來，最後女孩出來招呼客人。南三復強拉著她手臂，試圖勾引她，但是她紅著臉，生氣地把他推開：「我雖然窮，但如果你要娶我為妻，為什麼要用財富、傲慢來欺壓我？」剛喪妻不久的南三復，在女孩面前低頭道：「如果妳可憐我、關心我，我一定不會娶別人為妻。」女孩要他發誓，南指天為誓，說自己永不變心，女孩就委身相許。

從那時起，只要竇廷章不在家，兩人就在一起做愛。女孩不斷催促南三復：「我們不可能長久維持這種關係而不為人知，只要你願意娶我，我的父母一定深感榮耀，不會有任何挑剔。你必須趕快想個辦法！」南答應想辦法，心裡卻懷疑是否該跟一個農夫的女兒成親，於是用各種藉口推脫。碰巧媒婆前來提親，幫他找了一個出身良好的妻子——起初南三復還猶豫不決，但一聽說未來的新娘既漂亮又有錢，就決定娶她。

這時竇女已經懷孕，對南三復催促得更緊，要他娶她。南三復乾脆和她切斷關係，也不再來看她。臨盆時間終於來到，竇女產下一名男嬰。她的父親氣得打她，竇女才一五一十地吐露實情，直到她說南三復答應要娶她，竇父才放過她，並派了一位調人和南聯繫。南立刻推得一乾二淨，竇便把嬰孩放在門外，更加嚴厲地責打女兒。竇女偷偷地央請一位鄰居太太，向南轉告她的苦楚，但是南三復相應不理。

當天晚上，竇女逃出家門。她發現孩子躺在屋外，依然活著，於是緊緊抱住他，向南家急急行去。她敲打南家大門，並對門房大喊：「只要能得到你主人一句話，我就可以免於一死；即使他心中不再有我，難道不想想他兒子嗎？」門房把這些話轉告給南三復，但南就是禁止門房讓她進來——女孩倚在門上，悲痛地哭泣。凌晨三點左右，聲音停止。天明時，他們看見她懷中抱著孩子，坐在那裡，人已僵死。

（附錄5.5）

儘管自己的婚姻美滿，蒲松齡對婚姻卻不感情用事。他知道對許多女性來說，婚姻可能是一個不愉快的陷阱。有時他會為這些女性提供逃離的幻景，像在〈雲翠仙〉這個淒涼的故事中一樣：[17]

梁有才在山西長大，後來搬到山東，以做小販維生。他沒有太太，沒有兒子，也沒有田產。

地方村民爬泰山時，他通常會陪著去。四月，往泰山上香的人絡繹不絕，加上和尚、尼姑帶領一群群幾十個或上百名的男子，雜錯地跪在神座下，看著香慢慢燒光。這叫做「跪香」儀式。

在群眾中，梁有才看見一位十七、八歲，長得非常漂亮的女孩，被她深深地吸引住。他裝成香客，移過去跪在她旁邊，又假裝膝蓋痛，沒有力氣站起來，把手撐在地上，同時乘機壓到她的腳。她轉過頭，很生氣的樣子，膝行幾步離他遠點。梁又膝行著湊過去，一會兒，又壓到她的腳。女孩發覺了有才的企圖，站起身來，不再跪香，走出門去。有才也站了起來，走出門追她，但是看不到她從哪條路離開。他放棄找她的希望，沮喪地回家。在路上，他又看見這個女孩跟一個似乎是她母親的老婦人走在一起。她們邊散步邊聊天，有才趕快走到她們後面，聽到老婦人說：「這次妳能參拜碧霞元君娘娘，實在是件好事。沒有弟妹要妳照養，希望娘娘能冥冥中給妳護持，幫妳在現世找到一個孝順、正當的好丈夫，即使不是貴公子、富王孫，也沒有關係。」

有才聽到這番話非常高興，漸漸和她們靠近，並開始詢問老婦人。老婦人告訴他，自己姓雲，女孩叫翠仙，是她的親生女兒，她們家住在西邊四十里外的山丘上。

「山路不好走，」有才說，「您的步伐慢，妹妹又是蓮步輕移，如何才能回到家？」

「天色已晚，我會留在她舅舅家過夜。」老婦人回答道。

有才說：「剛才您提到找女婿，不會因為對方貧窮或出身卑微而嫌棄他，我還沒有娶妻。不知道可合您的心意？」

老婦人問女孩的意見，但她不願回答。最後，禁不起老婦人一再相問，女孩回答道：「這人福薄，又好色，輕薄的人，很容易反覆無常。我不想成為這種浪蕩子的妻子。」

聽到這句話，有才指著太陽發誓，說自己絕對是樸實、真誠的人。老婦人聽了很高興，最後終於同意他的求婚。女孩很不高興，卻只能用憤怒的神情回應，母親為此打了她一巴掌，並加以斥責。

有才勤快地獻著殷勤。他自掏腰包，替老婦人和女孩僱了兩張山兜和幾個挑夫擔她們上山，自己則徒步跟在後面，像是她們的僕人一樣。每到山路驚險處，他便吆喝挑夫不要跌倒、不要搖晃椅子，一副很擔心的樣子。一行人就這樣一路到了村莊，有才受邀一起到女孩的舅舅家。舅舅是個老頭兒，一起出來迎接的舅母也一樣老。雲老太太稱他們：「哥哥」、「嫂嫂」，並告訴他們說：「有才現在是我的女婿，今天既然是黃道吉日，用不著另擇日子，今天晚上就可以舉行婚禮。」

翠仙的舅舅非常高興，拿出酒和食物招待有才。過了一會兒，翠仙穿著禮服出現。床鋪鋪好後，他們退下就寢。翠仙對丈夫說：「我知道你不是正人君子，迫於母命，與你為伴。不過如果你表現得還像個人的話，我們住在一起應該不會太痛苦。」有才唯唯諾諾地記下這些話。

第二天清晨，翠仙的母親起個大早，她對有才說：「你最好先走一步，我女兒和我會隨後趕到。」有才於是回到家，整理了一番。稍後，老婦人護送女兒來到。她們四處打量了一下，發現屋裡一件家具也沒有，老婦人說：「你這樣怎麼能過活？

我快回家一趟，幫你減輕一點困境。」說完就離開。第二天來了一批男女，帶著衣服、食物和各種有用的物品。他們把這些東西塞滿整個房子，然後連飯都沒吃就離開了，只留下一個婢女伺候這對夫婦。

從這時起，有才坐享溫飽。他每天邀請村裡的無賴和他一起飲酒、賭博，並開始偷取翠仙的髮飾、耳環，以籌得更多的賭金。翠仙勸他，他也不聽。最後，她無法忍受，開始緊緊地看著自己的珠寶盒，好像防強盜一樣。

有一天，一群賭友敲門拜訪他時，碰巧瞥見翠仙。他們都當場愣住，取笑有才說：「你明明是一個大富大貴的人，為什麼不斷哭窮？」有才問他們什麼意思，其中一人回答道：「我們剛剛看了你老婆一眼，她真的美若天仙。她雖然嫁給你，卻跟你的家道很不相稱。如果你把她賣給人家作妾，可以得到一百兩銀子；把她賣作妓女，可以得到一千兩。家裡有一千兩銀子，還有什麼能阻止你隨心所欲地喝酒、賭博呢？」有才沒有直接回答，但心裡卻同意他們的話。

從那時起，有才在太太面前或是突然嘆氣，或是抱怨自己貧困不堪。如果她不理他，他就用拳搥打桌子、亂丟刀筷、咒罵婢女，並不斷持續這類舉動。有一天晚上，翠仙買了一些酒，和丈夫同飲。突然間她說：「你每天因為貧窮而不快樂，我也不能阻擋這些貧窮，分擔你的憂愁，怎麼能不感到羞愧呢？除了這個婢女，我沒有值錢的財產。如果我們賣掉她，你可以把錢拿去做點生意。」

但是有才搖搖頭說：「她值幾個錢？」

他們又喝了一會兒酒，翠仙說道：「我對你還有什麼不能答應的呢？只是力量有限罷了。在我看來，我們窮成這樣，即使我死跟著你，也不過和你吃一輩子的苦，永遠沒有發跡的機會。最好你把我賣給有錢人家，這樣我們兩個都有好處，你得到的錢，也比賣婢女多得多。」

有才假裝很驚訝，問道：「我怎麼能做得那麼過分？」但是因為翠仙不斷談論這件事，而且臉上的表情很嚴肅，有才高興地說道：「我們日後再商量。」

於是有才和當地一個極有權勢的家族中的太監聯繫，把翠仙賣掉，並登錄為官妓。這位太監親自登門造訪有才，一看見翠仙，心中大喜。惟恐交易生變，立刻起草了一張八百兩的契約，事情就此底定。

「我媽媽一直為了女婿家的貧困，擔心不已，」翠仙對丈夫說，「現在我們之間的情意已斷，我要離開這裡，回家探望她一下。再說你和我斷絕關係，我怎能不告訴她呢？」有才擔心她母親會橫加阻攔，但是翠仙向他保證：「我自己十分樂意，保證她不會干涉。」

有才於是同意走一趟。當他們到達娘家時，已接近半夜。他們敲了外門，進入中庭，有才看見一棟幾層樓高的華麗建築，男女僕人不斷忙碌地前後穿梭。在有才和翠仙共同生活的這一段時間，每次他要求拜訪岳母，妻子總是加以阻擋，所以雖然他做了一年多的女婿，卻從沒拜訪過岳家一次。他對房子的華麗感到驚訝，並擔心翠仙不會同意嫁為人妾或做一名歌妓。翠仙領有才到樓上，老婦人吃了一驚，問這對夫妻為何而來。翠仙抱怨道：「我從一開始就說這個人靠不住，現在證明我是對的。」然後從衣服裡取出兩錠黃金，放在桌上，說道：「幸好這兩錠黃金沒被這個小人偷走，現在可以歸還給母親。」母親吃了一驚，問發生了什麼事。「他想把我賣掉，我藏的金子派不上用場。」

然後翠仙指著有才咒罵道：「你這個豺狼鼠輩！你過去肩挑著貨物，臉上沾滿塵土，髒得像鬼一樣。你第一次接近我時，我被你的汗臭味薰得快要窒息。你皮膚上的積垢好像要塌下來一樣，你手上、腳上的爛瘡有一吋長，讓我整晚作嘔。我嫁到你家後，你安安穩穩，坐享飯飽，那張猙獰面目才顯露出來。在我自己母親面前，我怎麼敢用這些事誣陷你？」

有才低著頭，大氣也不敢出一口，翠仙繼續說道：「我知道我不是特別漂亮，可能不能滿足某些貴人，但我自認配你這樣的人綽綽有餘！我哪一點不好，你竟然對我不留一絲情義？如果我願意，我可以替我們建一棟樓宇，買一些良田。但是我看得出來，你會欺騙最親近的人，像乞丐一樣哀號。你不適合跟我終老！」

翠仙講話時，一些婢女老婦捲起袖子，把有才團團圍在中間。聽到翠仙對他的指控，她們就開始對他唾罵，並對翠仙說：「應該殺掉他。再說這些幹麼？」有才非常害怕，倒在地上，承認自己做錯了，但現在已真心悔過。

翠仙更生氣地吼叫：「你想賣掉自己的妻子，已經夠罪過了，還嫌不夠。你怎麼忍心把一個同床共枕的人賣掉做娼妓？」話還沒講完，眾人瞪大了眼睛，用髮簪、剪刀刺向有才的兩肋和大腿。有才尖聲哀叫，乞求饒命。翠仙叫僕人住手，說道：「你們現在可以讓他走了。雖然他不仁不義，但我不忍看他害怕發抖的樣子。」說完，帶著眾人走下樓去。

有才坐在那裡，聽了好一陣子，直到語聲俱寂，希望能設法逃出去。突然間向上一看，看到滿天星斗，東方天色已白。四野蒼茫，樹林環繞。漸漸地，最後一些燈光閃爍而逝，根本就沒有房子，有才發現自己坐在懸崖邊，向下看去，是深不見底的溪谷。他很害怕會掉下去，輕輕移動了一下身體，然後聽到轟一聲，他坐的石頭從懸崖邊墜落。幸而半山腰上橫著一棵枯樹，把他的身子掛住，才沒有跌到谷底——雖然他不能用手或腳抓住枯樹，樹枝卻撐住他的雙肩，向下看是白茫茫一片，無法猜測有多深。他不敢轉身或彎腰，驚恐地大聲嘶喊，整個身體都腫脹起來，眼睛、耳朵、鼻子、舌頭，以致全身都失去力量。

太陽慢慢在天際升起，最後有一個樵夫路過，看到有才。樵夫拿了一根繩子，放下去，把有才拉上懸崖。因為有才喘得很厲害，看起來快要死的樣子，所以樵夫把他送回家。有才家的門戶洞開，屋子裡像破廟一樣殘敗。床、櫃和家具都不見了，除了破墊子、枕頭、毯子和一張爛桌子等婚前擁有的家當外，沒有東西留下來。有才心神渙散地躺下，每天餓了，就從鄰居那兒要點東西來吃。慢慢地，他腫脹的身體開始潰爛。村裡以前那些朋友看不起他的作為，都開始唾棄他。有才不知道該怎麼辦，於是把房子賣了，搬進一間簡陋的小屋，靠沿路乞討維生。

他隨身帶了把刀子，有人慫恿他用刀子換些食物，有才都加以拒絕：「我住在荒郊野外，必須保護自己不受老虎、狼群攻擊。我就用這把刀來保護自己。」

過了一段時間，他碰巧遇到當初慫恿他賣妻的那夥人中的一個。有才走近他，開始哀嘆一番，然後冷不防抽出刀子，把那個人刺殺。審案的官員聽完所有的案情，不忍對有才動用酷刑，而把他關進牢裡。有才因為飢寒交迫，死在牢裡。（附錄5.6）

但那些沒有魔法、金錢作靠山的郯城女性該怎麼辦呢？嫁給任姓男子的王氏又該怎麼辦呢？

雖然他們一定是在一六六〇年代末的某個時期結婚的，但我們不知道確切的日期，我們也不知道他們的名字，我們甚至不知道任某如何養得起一個太太，因為出於種種原因，郯城的女性遠比男性少——這些原因包括殺害女嬰、給女孩次等的食物、富有的男人家裡常常納有三妻四妾。[18]任也許不需要付任何現金，甚至不需要依據習俗，在娶王氏為妻時，付予聘禮，因為王氏似乎是個孤兒——或者至少沒有活著的親戚住在附近——而且因為任自己的生父是個七十歲的鰥夫，她可能是以童養媳的身分進入任家，幫忙做些家務雜事，等年紀夠了，就嫁給任，像許多鄉下年輕女孩一樣。[19]

對這對夫妻，我們知道的是：在一六七一年初，他們已經結婚，住在郯城西南八英里歸昌集外的一個小村莊。他們很窮，任靠著在別人的耕地上做傭工維生。他們的家只有一個房間，裡面有飯鍋、一盞燈、一床編織的睡蓆和一個稻草床墊。我們也知道結婚後有六個月，王氏和她的先生及七十歲的公公同住，不過這個老人最後搬到一英里外的另一間房子，因為他跟她處得很不好。此外，我們知道王氏白天大部分時間都一人孤單在家；知道她纏了腳；知道她沒有小孩，雖然隔鄰有個叫她嬸嬸的小女孩，知道她的家面向一片小樹林；並且知道在某個時間，因為某個原因，隨著一六七一年的流逝，她跑掉了。[20]

她跟另外一個男人跑了，雖然我們不知道他的名字，也不知道兩個人打算到哪裡。我們從地圖上可以看出，他們最初有三個選擇：他們可以向西南走，越過邊境到邳州；可以向東北走八英里路到郯城縣城，然後從那裡沿著驛路，或是向南到弘化府，進入江蘇，或是北到沂州，然後繼續到山東中部；可以向西北走八英里路到馬頭鎮，然後從馬頭鎮向西到長城集，再繼續到滕縣和鄒縣。不管他們選哪條路，除非他們僱得起轎夫或二輪馬車，否則由於王氏的小腳，他們必須慢慢地走。[21]

如果他們想躲避追趕，邳州會是個不錯的選擇，因為沿途都是山路，不過鄉間多年來都為土匪和亡命之徒所盤據，這些人因為省的轄區改變而獲利。人們甚至可以在夏天和秋天水位高漲、邳州當局也不可能為一對亡命情侶掛心的情形下，輕舟溯沂河而下，走過部分旅程。邳州像郯城一樣，被饑荒、蝗蟲、戰爭和一波波的乾旱水災等嚴重的災難所襲擊。一六六八年的地震，也讓邳州遭受損失，雖然不像郯城那麼嚴重。不過因為邳州位在黃河主流上，水患一直是個潛在的災害，然而郯城只有一些小支流經過，不會有這種情形。地震後一個月，強風和沖破河岸的高漲水位損壞了田地，邳州縣城大部分地區都被淹沒，只有一、二百戶人家倖免於難。而在郯城慢慢開始復原期間，邳州的人口又少掉三分之一。[22]

郯城在某些方面來講，是個明顯的目標，但是不利之處也很明顯。作為知縣衙門所在地和縣的行政中心，其安全性比其他任何地方都來得嚴密。一些在縣內其他地區還流於紙上作業的規定，在這裡已經執行：城外有定期的巡邏人員，鄰近的道路上有固定的關卡。旅客會被攔下來詢問，要他們解釋進城的理由，除非他們有親戚住在那裡，否則甚至不准進城。客棧的不誠實是出了名的，許多店是由不老實的老闆經營，他們陳列廉價的食物、飲酒，招徠那些不留心的客人；但是一旦這些鄉下居民登記投宿，帳單就開始攀升，外來者和親戚、隨從會把一些消費記到他們帳上。客人即使打算投宿到別的旅店也不可能，因為這些客棧老闆僱了一些暴徒，威脅他們可能投宿之處的客棧老闆。即使客棧老闆很老實，只要在城內，就有義務按照規定，每天登記住店的旅客，不管是個人或團體，他們也必須註明客人來自何處，要到何地，他們可能攜帶準備出售的貨品，他們的騾子或二輪馬車，他們的武器（如果有的話）。騎馬攜械而沒有行李貨物的人，不得僱用馬夫，也禁止在城裡過夜。單身的行腳客，不管有沒有武裝，只要沒有行李，又沒有城裡人作保，就可能被趕走。夜幕降臨後，不准在城內四處閒逛，雖然在夏天最熱的幾個月裡，沒有深宅大院的居民，可以把門稍微打開，坐在台階上享受傍晚的清涼。但是從小巷通到大街的柵門是關著的，夜晚並有人守衛，只有那些需要醫生或產婆緊急協助的人可以通過——但前提是他們必須有一個標準的「夜行牌」，經過確認，並且驗明住處和身分後。[23]

對一對要找地方躲起來的情侶來說，馬頭鎮看起來顯然是個很有吸引力的選擇。儘管面積大，這裡卻沒有太多駐軍，也沒有高官常駐。此地在一六四一年和一六四八年，曾兩度被土匪襲擊，但很快就恢復榮景——我們從一些指數可以看出。這裡的市集每十天一個循環，主要的集日是第三天和第八天，次要的集日是第五天和第十天，鄰近區域的市場循環都受此節制。馬頭鎮是唯一一個經由水、陸兩途，進行相當規模貿易的市鎮，它的貿易額已經具有課稅的規模。這裡有相當多的城市勞動人口，強大的商會，比其他市鎮更多的廟宇、更多的花園、更熱鬧的宗教節慶。它是縣裡唯一一個有著知名醫學正家族的市鎮。[24]

這對情侶需要一個藏身處，因為僅僅就逃離丈夫這個舉動而言，從法的觀點上來看，王氏已經成為一名罪犯。只有妻子被丈夫嚴重打傷或弄成殘廢，或被丈夫強迫和別人發生性關係時，她才可以自由離開。[25]從康熙年間由一群律法專家提出的個案裡，我們看到在郯城西北的寧陽（也在兗州府）的一個例子中，一位丈夫由於自己的行動，而超越了婚姻關係的範圍：先生把太太賣為妓女，被知縣強迫帶回後，又默許太太與寄宿之處的屋主通姦，被判為「失夫綱」。[26]但是除了丈夫的這類行為之外，所有逃走的婦女都被歸為逃犯，得接受一百杖的處分。所有幫助或藏匿她的人——除非能證明對她的逃犯身分毫不知情——都可以照窩藏逃犯或逃兵之妻、女之律定罪。[27]

而且，通姦的行為使王氏和情夫兩人都必須接受嚴厲的懲罰。《大清律》規定，經過雙方同意的不法性行為，杖八十；如果女性已婚，杖九十；如果密謀在女方住家以外發生姦情，不管女方是否結婚，杖一百。曾經有過不法性行為的男女，在經過雙方同意，或密謀在女方住家以外發生姦情，杖一百。如果女性在不法性行為後生子，由生父收養。先生可選擇賣掉或留下不貞的妻子；但如果婚姻關係仍然存在，本夫把妻子賣給姦夫，則本夫和姦夫各打八十板，婦人必須離婚，返回娘家，原來付給她的聘禮沒收充公。[28]

不過可能有比這更嚴厲的處罰，如果先生當場捉到姦夫淫婦，並在氣頭上殺了婦人、姦夫之一或二人，是法律認可的正當行為。不過親夫殺人報仇之舉，必須迅速。一六四六年的規定上加了一條但書，大概是要防止家族間的仇殺或為了復仇而長期追索，這條但書說，如果姦夫淫婦只是在性交前調情，或已有姦情但親自向本夫認罪，或「非姦所捕獲」，那麼殺害其中任何一人，都是不正當的。因此王氏和情夫離開任家而沒有被捉到，在法律上是比較安全的。[29]

不過這並不是說路上的生活特別安全，雖然很多采多姿。在技術上受「陰陽學官」——其公署如同郯城其他的一些公署一樣，在一六四〇年代燒毀，迄未重建——監督的人，包括一些四處遊走的專家，像算命的、卜卦的、看相的、測字的、變戲法的、招魂的、演戲的、說笑話的和街頭摔角的、說書的，以及遊方僧、道士、女牙醫、穩婆、叫花頭、笛手、鼓手、爆竹製造商、茶商和轎夫。黃六鴻自己的報告中，經常提到來自驛站的馬夫、衙役、信差和胥吏、官營旅店的職員和一群群的小販，這些人貧窮且人數眾多——他們用草棚搭成的攤子，一列列地排在街上——黃根本放棄所有抽稅的打算。除了這些人外，還有難民、亡命之徒和逃兵。儘管有法律禁止，但這些人經常可以找到工作，因為農人看重他們是廉價勞工的來源，而不問任何問題。飯館和客棧老闆也會給他們食物和住處，只要他們付錢。賺錢過活比精確地遵守登錄、簿記條文的文字來得更重要。[30]

確實，似乎有一種實際存在的亡命之徒的次文化，這種文化有它自己的規則和剝削。由於保甲制度下有一些嚴禁窩藏人犯的法律和嚴格的連坐責任，這些次文化不可避免地會牽連到守法的民眾。我們從郯城報導的一個案子裡，可以對逃犯的世界略窺一二，在此，逃犯被僱用於在私人商業糾紛中騷擾對手。魏姓捕壯控告酒店老闆石文玉，公然在郯城縣衙前，以每月三百文僱用了一名逃犯在店裡工作。魏試圖用這項控訴將石送進牢房，可是調查顯示這是由魏自己揑造的故事（雖然逃犯是真的），如此一來，他就不必償付前一年在石的店裡賒欠的一百多杯酒錢。魏脅迫逃犯作出這項不實指控。[31]

在這類案子裡，是否採信逃犯的證詞，並不那麼重要，重要的是要證明他當時不在現場，這就未必容易。在這一點上，石幸運地獲證無辜，因為知縣命令逃犯進行一次非正式的指認，但逃犯無法分辨石文玉和他旁邊賣豆腐的小販。其他一些案子顯示，士兵也會經由一種相當微妙的詐騙遊戲騷擾無辜：士兵甲假裝成一名逃犯，逃到一艘停泊的船中或某個偏僻的村莊，其他士兵接著就來「逮捕」他，假裝是捕快，藉口當地村民窩藏人犯而加以騷擾，並在離開時搶奪他們。或者，他們會暫時在某個村莊中，以雇工的身分出現，然後在某個晚上一起飲酒時，割傷自己，撕碎自己的衣服，然後宣稱遭到「搶奪」，以便從當地村民手中獲得封口錢。如果村民開始懷疑，他們的朋友之一就會出面，宣稱是來自逃犯所屬單位的上級長官，要把他們帶回。[32]有時候可能是擺渡人自己敲詐，要求乘船者支付比每人一文、每馱兩文的規定費率更高的費用：雨天、雪天或深夜要額外收費；在船上放置靈柩也要額外付費；或是在船開到河中間時，向旅客強索金錢。[33]而在岸上，守關的吏卒也會收取私「稅」，並沒收那些拒絕付稅者的貨物，或調戲女性，要她們付錢脫困。

如果跑路對兩人是件苦事，對不久後遭愛人拋棄而單獨留在路上的王氏來說，就一定是場惡夢了。雖然一般人都認為女性值得尊敬，但郯城社會並未給她們提供太多的工作：少數人變成接生婆或卜筮者；有一些在地方上夙有聲名而為人信任的婦女則充當媒婆，並為當地監獄的女囚作保，承擔各項責任。在孤兒院及赤貧、老人之家也有一些工作機會，女性受僱做看護、幼童的玩伴、守衛及清潔、洗衣婦。做這一類工作，她們可以得到食住和一個月三百文的津貼，不然就是一律一年六兩銀子的工資——約等於當地衙門較低職位男性的工資。有財力買織布機的女性可以紡織，然後賣掉產品，不過這項工作一般都在自己家裡進行，而王氏現在沒有家。如果適逢其時其地，她們可以在大戶人家謀得一份女僕的工作。她們也有一點機會，在道觀或佛寺打工。除此之外，主要的工作機會一定是在郯城縣城、馬頭鎮和紅花埠驛站的賭場、茶館和妓院。甚至，根據黃六鴻的說法，在偏遠的鄉下村莊也有同樣的場所，這些地方仕紳就跟在城市中心一樣，設立妓院，給予女性保護，然後抽成作為回報。[34]

王氏沒有選擇上述任何一項，也沒有繼續單獨逃亡。她選擇返回歸昌的老家，但是她近鄉情怯，害怕得不敢面對任姓丈夫。

在王氏住的村莊附近，有一座道教廟宇三官廟，祭拜天、水、地三種力量，這些力量能帶來快樂（天）、免除罪惡（水）及趨避邪惡（地）。[35]廟裡唯一的居民是一位道士，他給了王氏一個棲身之所。一六七一年十一月的某一天，以前的一個鄰居高某來此上香時，在廟的廂房中瞥見王氏。

「你是神廟，」他對道士吼道：「如何容留婦人？」

「這是村裡任某娘子，」道士回答道：「聞得跟人走了，任某尋了回來，她不敢回去，躲在這裡。我因她是村裡人，不好趕她。」

他們還在談論她時，任本人得知王氏已經回來，現在躲在廟裡，所以親自來此。

「好道人，」他生氣地吼道：「把我妻子藏在廟裡，都不與我知道。」

「你自家妻子，」高反駁道：「為何到廟裡？你不知道，還要道人說與你麼？」

任更生氣地吼道：「這等必定是你藏在廟裡了。」受此侮辱，高賞了他兩耳光。任咒罵著離開，留下老婆在廟裡。[36]兩人間突然爆發的衝突，可能是因為某些長期壓抑的嫌隙——他們是鄰居，高比較有錢，房子前有一處騎樓，娶妻曹氏，任似乎也不喜歡她。但是不管這個侮辱有多嚴重，高都不應該打任。律典中對這點規定得很嚴格，並且對這一類的鬥毆，作了細緻的分類。這種對細節的關注，顯示鬥毆很明顯地被視為主要的問題。任何人用手或腳打人，如果未造成傷害，打二十板；如果造成傷害，打三十板。任何人用任何物體打人，如果未造成傷害，打三十板；如果造成傷害，打四十板——傷害的定義分為被打的地方瘀青、腫脹或流血。拔人頭髮方寸以上，打五十板。打得人內出血，打八十板。用穢物污人頭面，也打八十板。以穢物灌入人口鼻內，或折人一齒及手足一指，或眇人一目，打一百板。（如果引起永久傷害，沒收加害者一半的財產，付給受害者養贍。）[37]

任現在對高有真正的怨恨，一個會痛上幾個月的怨恨，但他沒有對高採取任何指控——大概是怕事情再傳出去就太丟臉了。然而這個意外事件使得高和道士兩人都非常困窘，他們認為讓王氏離開廟裡是比較聰明的做法，雖然二人猶豫是否該立刻把她送回丈夫身邊。他們改把王氏帶到她公公處，並向他解釋事情的原委。任父給二人倒了茶：「這樣淫婦，我也沒奈何。」他說道，然後叫人把王氏帶回兒子的住處。

道士說任一直四處尋找王氏，但不管任有多強的欲望要把太太找回來——不管是因為他想她，或是打算對她報復——事實上他並沒有權利留下她，因為她犯下了逃亡和通姦罪。關於這點的法律很複雜。法律確實清楚地陳述，丈夫可以用「七出」之條的任一種休掉妻子：無子、淫佚、不事舅姑、口舌、盜竊、妒忌以及惡疾（雙方同意的離婚也為法律所允許）。如果妻子不想離婚，又符合「三不去」之理中的任一項——妻子曾為公婆守喪三年；娶時丈夫貧賤，後變富貴；妻子無家可歸——丈夫不得離婚。因為王氏無家可歸，乍看之下，法條似乎顯示：儘管她不貞，卻應該留在任家。但是明朝附加的一項條例，特別規定如果女子犯姦，三不去之理就不適用。律典中另一項條款也規定：如果先生在太太犯下義絕之行後，而不將她休離，打八十板。在技術上，任也可能因為把太太接回來而受罰。[38]不過事實上，縣府中沒有人採取任何行動，任也沒有依循任何對他開放的法律途徑。他沒有提出離婚訴訟，沒有安排賣掉王氏，沒有依據權限向當地村長報告她的劣行，讓她的恥辱在眾人中騰傳。相反地，他買了一張新的虎丘蓆，鋪在他們的草床上。[39]

從一六七一年尾幾個月到一六七二年一月，在歸昌集外的家，兩人又生活在一起。他們一定很冷，因為山東一月的平均溫度是零下幾度，而窮人家的房子又不牢靠：牆壁是夯土、泥磚或高粱稈；少數幾根木柱是由畸形樹枝做成，通常是細薄而彎曲；屋頂用薄薄的一層草和蘆葦蓋住，既不能真正防風，也不能防雨。如果有燃料的話，主要是用來煮飯，而爐火產生的熱則透過一排管子，傳到高於地面的磚炕下，炕上覆蓋著一層稻草。在任的家裡，他就在此鋪上為王氏歸來而買的新草蓆。[40]

一六七二年一月底的一個傍晚，兩人坐在家裡。任吩咐王氏幫他補衣服，她就在燈旁縫補那件外衣。外面下著雪，鄰居可以看見從任家發出的燈光。稍晚，他們聽到兩個人吵架，雖然聽不清楚在吵什麼，但可以聽到聲音中的怒意。燈滅後，他們依然在聽。[41]

王氏脫掉外套、褲子和笨重的鞋子。她在小腳上穿上了一雙磨損的軟底紅布睡鞋。她的夾衫是藍的，還有一件白單褲。她把這些衣服放在草蓆上，她入睡時，任在一旁等待。[42]

在世上，現在是冬天，但這裡很溫暖。冬天，綠色的湖水上，蓮花盛開，花香飄向風中的她，有人試著去採，但當船接近時，蓮花就漂走了。[43]她看到冬天的山上開滿了花，[44]房間亮得耀眼，[45]一條白色的石頭路通向大門，紅色的花瓣散落在白石上，一枝開花的樹枝伸入窗戶。

樹枝伸向桌子上，葉子稀疏零落，花苞卻綿密地擠在一起。花還沒有開，像蝴蝶的翅膀，一隻淋溼蝴蝶的翅膀，沾滿了水氣而垂下來，支撐花苞的根莖細如髮絲。[46]

她可以看到自己是多麼的漂亮，臉上的皺紋消失了，手像女孩一樣的滑潤，不因勞作而粗糙。[47]眉毛黑黑的，像輪新月。牙齒潔白，整齊無瑕。她試著微笑，皓齒剛好露出，她檢視著唇角和眼角。[48]

睡覺的地方，鋪著像棕櫚葉一樣厚的毛皮，又長又軟，棉被塞滿了碎碎的棉花和香粉，室內充滿了香味。[49]男的很英俊，但看起來病懨懨的，臉上都是淚水。她撫摩他的太陽穴，撣掉他衣服上的灰塵，擦掉他眼睛裡的淚水。她可以感覺到他身上受鞭打的鞭痕，而用手指輕輕地按摩著。[50]

她解開他外袍的帶子，把手伸進去。她用雙手輕輕地按摩，但他痛得不能動彈。他胸部長了一個瘤，跟碗一樣大，像從樹根長出的節瘤一樣。她從手腕上取下一個金手鐲，壓在瘤上，肉從手鐲外環隆起，但是瘤的中央部分從手鐲中間凸出來，她從袍子裡拿出一把利刃，沿著手鐲邊輕輕地切著。污血噴到床上和墊子上，她從口裡取出一顆紅色藥丸，塞入傷口中，在塞入的同時，傷口慢慢癒合。[51]

她累了，肢體感到嬌弱沉重，雙腿好像沒有力量地屈張。[52]但是美麗的女性仰慕她，她們聚集在她身邊，額頭上綁著紅絲帶，紫色的袍子上繫著綠色飾帶。背上背著弓和箭筒，她們一直在外面打獵。[53]

她經過一扇一扇的門，一路來到院子裡。[54]樹高得可以碰到房子的紅色屋簷，院子裡到處都是花。樹的種子在微風中飄落，鬆弛的繩索吊著一個鞦韆。她們幫她爬上去，她直直地站在上面，伸出雙手抓住繩子。她穿著一件短袖的衣服，雙臂閃亮，鞦韆的繩索從雲端垂下。她的黑髮鬈曲在脖子上，她用明亮的雙臂向上伸展，像燕子般輕輕盪入雲端。[55]

天空中點綴著祥雲，一艘多彩的船隻向她漂近。人們都爬到船上。只有一位槳手，拿著一根短木槳，槳的末端沒有寬扁的槳身，而是繞著厚實的羽毛，像一把巨大的扇子。[56]槳手揮動羽毛時，一陣微風吹起，羽毛更快地移動，穿過雲層。除了微風的穎穎聲，沒有別的聲音。[57]四周都是雲層，像棉花般撲向她，軟軟地浮在腳下，她有一點頭暈，好像依然在船上行進。她向上望去，看見群星逼近眼際。星星大小不一，大的像瓶子，小的像杯子，像荷花的種子一樣，整齊地排列。下面是一片浩瀚的銀海，從雲層的夾縫中，她看到大小如豆子般的城市。[58]

在她前面是一排階梯，階梯像水晶一樣閃亮著，她的影像映照在每一級階梯上，像在鏡子裡一樣。[59]清澈的水流過白沙。有幾座有紅色窗戶的小亭子，佳人在裡面走動，還有一些穿著刺繡外套和紅鞋的年輕男性。眾人正吃著從玉碗取出的水果，並用杯寬一英尺的高腳杯飲酒。[60]牡丹有十英尺高，山茶又高一倍。[61]一位白指頭的女孩彈著一種從未見過的樂器，[62]另一位用象牙撥子撥著琵琶，詠唱著哭泣的女性。[63]隨著樂聲響起，一陣輕風吹過，鳥兒擁進院子，靜靜地停在樹上。[64]

她坐在一棵高樹的樹根處。樹幹寬闊光滑，一條黃色樹液流過樹的中央，樹葉濃密地長在纖弱的樹枝上，投下深深的樹蔭。紅花在樹葉間搖曳，花落時發出寶石般的叮噹聲。一隻鳥正在樹上唱歌，羽毛是金色和綠色。牠是一隻奇特的鳥，尾巴跟身體一樣長，牠唱了一首悲悽的歌，讓她想起了家。[65]

她穿著芳香的高鞋，快步在清晨的露水中離開，露水讓她的鞋子和襪子因水氣而顯得光滑。[66]樹長得很濃密，但是她可以從樹叢中看見高塔，牆壁是銅做的，高大的鐵柱支撐著閃爍的屋頂。牆上沒有門，也沒有窗，但是有一些深的凹洞，緊密地排在一起，她把腳放進洞裡爬上去。在裡面，她感到恬靜而安全。[67]

他跪在她旁邊，不斷發抖，並用雙手抱住自己的身體。[68]「吃掉這個，」她說，然後用赤裸的雙腳把佳餚踏入土中。「在這裡，」她說，他則用雙手捧出夜壺供她使用。[69]「把這些弄乾淨，」她說，然後把沾滿泥塊的小繡花鞋拿給他。[70]

她把一頂女人的帽子戴在他頭上，[71]用她的化妝品替他化妝，把他的臉化成武士一樣。有一個輕盈的棉製足球，她把它踢上天，他在後面追趕，追得滿頭大汗。[72]球是透明的，塞滿了一種發光的物質，他把它踢上去，球成發光的弧形穿過天空，像彗星一樣在天空呼嘯而過，落入水中，它的光在水中咕嚕一聲熄滅。[73]然後她發現根本沒有什麼塔，沒有圓形牆型支撐著閃亮的屋頂，沒有森林。[74]只有一個放在地上的廉價戒指，上面插著幾根針，針上撐著化妝盒的蓋子，全都丟棄在荊棘間。

他衣衫襤褸地站在她面前，流著鼻涕對她微笑。「俏佳人愛我嗎？」他問道。他打她。[75]群眾擠近觀看。他滾了一團鼻屎拿給她。「吃掉，」他說。她把鼻屎放進嘴裡，試著吞下去，他大笑道：「俏佳人是愛我的。」他叫道。她想要回話，但滿嘴塞滿泥巴。[76]她被釘住了，被纏在身上的蛇釘得動彈不得，[77]她奮力掙扎，身體在水中踢打，她可以聞到水裡的臭味，群眾擠在河岸邊，他們邊看邊笑，他們必須救她，她必須叫出來，他們不會幫她的。[78]

當任的雙手緊緊掐著王氏的脖子時，她從床上彈了起來，但掙不掉任的手。他的雙手緊緊掐在她喉嚨上，並且用力跪在她肚子上，壓住不讓她動。她的雙腿奮力踢打，把睡墊都踢成稀爛，她的內臟也裂開了，她的雙腳把墊子下面的稻草也蹬裂了，但他一直不鬆手。王氏死時，鄰居們沒有一個聽到一點異聲。[79]

郯城依然下著雪。任抱起老婆的屍體，用她的藍色夾衫包著她的肩膀。他打開門，抱著她穿過森林，朝鄰居高家走去。他是這樣計畫的：她死後，他會把她的屍體帶到高某住處，留在門前；他會說她一直和高某有姦情，而高殺了她。這番說詞聽起來滿合理的：她已經跑過一次，而高是一個暴躁易怒的人。兩個人可以乘任某外出工作時，每天在一起調情。[80]

但是任永遠沒有帶著王氏走到高家。當他穿過黑暗的樹林時，一隻狗叫了起來。躲在門樓下的更夫鳴鑼示警。亮起一陣光。任把屍體丟在雪中等候。沒人前來查看。光滅了，一切又恢復寂靜。他把王氏留在原地，回到空蕩蕩的家，鎖上門，上床睡去。

王氏的屍體整夜都躺在雪堆裡，當她被人發現時，看起來就像活人一樣：因為酷寒在她死去的臉頰上，保留住一份鮮活的顏色。[81]

結語

審判

Epilogue: The Trial

審判進行了四天。

第一天一大早，任和他父親徒步走到位在郯城縣城的知縣衙門，對鄰居高某提出正式控告，說他和王氏有姦情，隨後並殺了她。這一類的指控必須以書面的形式，正確地謄寫下來，只要付錢，合格的代書會幫不識字的人做這件事。為了防止在任何審判最初階段的受賄或曲解，代書都必須領有執照，並且應該提出他們自己的保證人。任的正式控詞如下：「昨日晚，我叫妻王氏與我縫小衣，吹燈睡了。只聽得門響，起來出去看時，只見我妻子前走，高某持刀在後。高某妻子曹氏站在她家門首，點著燈等他。我怕他殺，不敢趕去。回來關門睡了。」[1]

這份訴狀由衙門裡的書吏檢查是否有誤，然後同一批書吏再檢查任是不是本人提出訴訟，而不是找人代替。接著，這份訴狀經過登記、密封，送到知縣的內衙門讓知縣本人過目。黃六鴻讀了控詞後，派了幾個捕快，將高某和其妻逮捕。（如果控訴沒有那麼嚴重，他會發出一份臨時差票，然後打發任帶著差票親自逮捕高，命令他出庭。）高某和妻子被戒護押解到郯城，關在知縣衙署東南角，幾幢建築構成的監獄裡。[2]

只要高被留置在監獄裡一段時間，任應該就會認為兩個月前，高在廟裡打他的侮辱，得到了足夠的報償，完全不需要審判和處罰他們。監獄的世界是黑暗的，沒有資財買通獄卒的窮人常會喪命，對有錢人來說，也是極端地耗費。黃六鴻遺憾地寫下他所知道的那些持續存在的陋習：獄卒打犯人、把他們銬得太緊、強迫他們整晚罰站，甚至用水浸泡他們的鋪蓋或淹他們的囚房來折磨他們，目的是強迫他們付出保護費；犯人會打他們的同囚報復，或偷他們的食物、強迫比較有錢的犯人讓家人送食物進來給大家食用；官員會殺害囚犯，以保有他們偷來的物品，或害怕要犯可能會越獄而把他幹掉。黃只能提供下列意見：警覺和公正，定期的健康檢查和運動，小心地將女囚犯和男囚犯分隔，以及仿效獄外世界的保甲制度，發展出相互看守的安全制度——在這個制度裡，囚犯五人分成一組，在五天一輪的循環裡，分別由一個人為其他四人負責。但是在高氏夫妻被捕的那天晚上，黃六鴻碰巧跟一位行將離開到別處接掌下級職位的謝姓舊識晚餐。席間閒聊中，謝提到歸昌的百姓對這件案子議論紛紛，他們對高某在和王氏發生姦情後，再把她殺害的做法，既憤怒又困惑。聽了謝的評論後，黃覺得最好立刻仔細調查案情。[3]

第二天中午，審訊開始。原告任姓父子跪在大廳東側，高某夫妻是被告，跪在西側。門都鎖上，一位書吏準備記錄口供。任重複他的故事——他已經睡著，後來聽到門響，看見王氏離開家，高某跟在後面，手裡拿著一把刀。透過樹林，他可以看見高妻曹氏正等著兩人；她倚在門口，提著一盞燈籠。任由於害怕跟在他們後面會被殺害，所以回到床上。黎明時起身，發現太太躺在樹林裡，已經死掉。他立刻跑去向父親示警，告訴他剛才看到的事，然後跟父親一起提出正式告訴。

知縣問王氏是被打死還是殺死的？

「那時天尚未大明，不曾看見是怎麼死的。」任回答道。

其他被問到這件凶殺案的村民，都辯稱不知情。

高被質問在這個案子中的角色。雖然知縣作色怒吼他，並命衙役手持經常用來夾犯人腳踝以逼供的大夾棍伺候，高依然堅持他的說詞。他承認兩個月前在廟裡看見王氏，並在和任爭論後打了他耳光，但否認和王氏有任何姦情，也不承認殺了她。事實上，他說雖然他確實住在任家附近，但雙方從無往來。

高的妻子曹氏印證丈夫的說詞，並進一步補充一些細節，為高某提供了極具說服力的不在場證明：那天深夜，她正在廚房蒸過年用的年糕，聽到門外鑼響。她走出去，看看發生什麼事，發現村裡的更夫在她家門樓下避寒。他們生了一把火，正在吃菸。她回到屋裡，門上門。她丈夫在這段時間內，一直沉穩地睡著。

黃六鴻對他倆供詞的誠實度，留下良好的印象，並發現任的說詞益加奇怪。他命人當晚把任姓父子收監，並將高某夫妻押保釋放。審訊結束後，黃派出幾個差役，帶著一張緊急的簽硃標，去查出事發當晚在王氏村裡巡更的是哪些人，並命令他們第二天早上報到備詢。[4]

第三天，黃在幾個隨從陪同下，騎馬到靠近歸昌集的村莊，要求看看任家的房子。他注意到房子極為簡陋，只有幾件家當，草床上幾近全新的蓆墊上有著裂縫，以及床邊一堆乾糞餅。隨從回答他的疑問說，本地的窮人燒牛糞和驢糞作燃料。黃依然不解，令人燒水，並把糞放進地上的坑洞中。滾水倒在糞上時，看守的人可以從味道判別來源是人而非動物。黃也詢問了王氏的鄰居，包括一個十歲的女孩，她曾聽到任姓夫妻吵架。他們沒有人對這場謀殺案提供任何情報。

雖然有人撒了一點鬆散的土在王氏屍體上，但當時她依然躺在雪中的樹林裡。黃令人抬起屍體，他注意到她衣服上的一些細節和小腳上褪色的紅棉睡鞋。由於男性不適合觸摸她的屍體，他命令從村裡帶來的一位老婦去檢視王氏屍體上的傷口。經過短暫地檢查，她回報說身上沒有傷口。黃吩咐她作更仔細的檢查，並說服她翻動肢體，由於嚴寒的天氣，王的肢體已僵硬地凍結在當地。這次第二回的搜尋，發現了脖子兩邊的大塊瘀傷，而且當老嫗剝下屍體身上的衣服後，小腹上也露出一大塊瘀傷。

同時，村裡的更夫被召集到高家，他們承認因為天冷沒有巡邏，而點了一把火躲在高家門樓下取暖。大約午夜時，他們似乎看到一個人在林子裡四處走動，並聽到狗吠，為了怕是歹人，他們敲鑼把他嚇跑。高的妻子聽到鑼聲，出來問他們發生什麼事，他們解釋給她聽，她就回到屋裡。他們對王氏之死一無所知，也沒有看到別人。黎明五更時，他們各自散開回家——顯然沒有一個人注意到躺在雪中的屍體。[5]

返回郯城後，黃決定用一種以前用過有效的方法，借用人們對城隍的畏懼，迫使受驚嚇的目擊者說出真相。他吩咐一名家僮躲在城隍廟後面的小房間裡，記下任姓父子當晚可能說的每一句話。男僮藏好後，任和父親被皂役從牢裡押到城隍廟大殿，分別銬在兩根柱子上。黃在兩人的注視下，在城隍前舉香祝禱：「神昨夜告我任姓妻子致死情由，已悉之矣。但其死時情景，鴻尚未盡明，願神詳以示我。」祈禱完後，黃命二人在神前懺悔、反省，然後留下兩人單獨在那裡過夜。[6]

第四天，黃令兩人回到牢裡，然後詢問家僮他們的談話。家僮說雖然任父不斷問兒子王氏是怎麼死的，任從未明確回答，也沒有再談到高，他只是一再地說自己該死。

黃現在確信高某、曹氏和任父都是無辜的，他把任傳喚到庭上。由於任依然不認罪，黃提出自己對案情的重建：爭吵、勒死、肚子上的膝蓋印、帶到雪中的屍體，以及在更夫的火光中突然瞥見曹氏，而產生將她一起構陷入罪的想法。任叩頭招供，由書吏記下供詞，供詞中他承認黃的重建正確無誤。

根據大清律法，任和他父親兩人因為以死罪誣人，理當處死。但是黃發現有很大的轉圜空間。第一，任父對這起罪行一無所知；第二，他已年過七十，而任是他的獨子；第三，任本身沒有後嗣，如果他被處決，任家的香火必定斷絕；第四，王氏不遵守婦道——她背叛了丈夫，死有應得；第五，任確實在廟裡被高激怒，他不該打他。

因此，任父被判無罪，任被判用重杖責打，並在脖子戴一段時間的枷鎖。黃很清楚，這種杖責可能致死，因為他至少有兩次令人在公堂上杖責囚犯：一人在挨了二十下後一個月死掉，另一個在十天後死掉。此外，戴枷鎖是極大的恥辱，黃用此對付那些應該受到公然羞辱的人。但如果任某挺過杖責，忍辱偷生，他就可以自由地遵循孝道，照顧年老的父親。進一步推想，由於談到家族香火的延續和任身為獨子，似乎表示如果任能找到對象，他會再娶。[7]

雖然王氏死了，她仍然帶來一個難題，或許比她生前帶來的難題更麻煩。她活著的時候，除了用言行傷害公公和先生，或和她私奔的男人外，大概沒有力量去傷害任何人。但她死後，如果心存報復，卻是充滿了力量和危險：身為餓鬼，她可以在村裡遊蕩好幾代，無法安撫，也無法驅除。從田氏依然活著一事，就足以顯示類似的議論在郯城是如何被嚴肅看待：三十年前身為一名年輕的寡婦，她威脅如果不能如願獨自過活，她就自殺，變成鬼來糾纏徐家，結果她如願以償。黃的決定是，應該用副好棺材把王氏埋在她家附近，如果這樣做，他認為就可以「以慰幽魂」。為了這個目的，他撥出十兩銀子，這是一筆不小的數目，因為在一些類似的情況中，他只不過撥出三兩銀子來安撫死者。但是黃不希望由自己出這筆錢，任家雖有心，卻無力用這種方式來安葬王氏。所以，黃吩咐鄰居高某支付墓地和喪禮費用：這樣既安葬了王氏，又教訓了他不要在脾氣失控時，摑人耳光。[8]

附錄

1.1

俄而几案擺簸，酒杯傾覆；屋梁椽柱，錯折有聲。相顧失色。久之，方知地震，各疾趨出。見樓閣房舍，仆而復起；牆傾屋塌之聲，與兒啼女號，喧如鼎沸。人眩暈不能立，坐地上，隨地轉側。河水傾潑丈餘，雞鳴犬吠滿城中。踰一時許，始稍定。視街上，則男女裸聚，競相告語，並忘其未衣也。

1.2

崇禎十三年，歲大凶，人相食。劉時在淄，為主捕隸。適見男女哭甚哀，問之。答云：「夫婦聚裁年餘，今歲荒，不能兩全，故悲耳。」少時，油肆前復見之，似有所爭。近詰之。肆主馬姓者便云：「伊夫婦餓將死，日向我討麻醬以為活。今又欲賣婦於我。我家中已買十餘口矣。此何要緊？賤則售之，否則已耳。如此可笑，生來纏人！」男人因言：「今粟貴如珠，自度非得三百數，不足供逃亡之費。本欲兩生，若賣妻而不免於死，何取焉？非敢言直，但求作陰騭行之耳。」劉憐之，便問馬出幾何。馬言：「今日婦口，止直百許耳。」劉請勿短其數，且願助以半價之資。馬執不可。劉少負氣，便謂男子：「彼鄙瑣不足道，我請如數相贈。若能逃荒，又全夫婦，不更佳耶？」遂發囊與之。夫妻泣拜而去。

1.3

順治間，滕、嶧之區，十人而七盜，官不敢捕。後受撫，邑宰別之為「盜戶」。凡值與良民爭，則曲意左袒之，蓋恐其復叛也。後訟者輒冒稱盜戶，而怨家則力攻其偽；每兩造具陳，曲直且置不辨，而先以盜之真偽，反覆相苦，煩有司稽籍焉。適官署多狐，宰有女為所惑，聘術士來，符捉入瓶，將熾以火。狐在瓶內大呼曰：「我盜戶也！」聞者無不匿笑。

1.4

村中來一女子，年二十有四五。攜一藥囊，售其醫。有問病者，女不能自為方，俟暮夜問諸神。晚潔斗室，閉置其中。眾繞門窗，傾耳寂聽；但竊竊語，莫敢欬。內外動息俱冥。至夜許，忽聞簾聲。女在內曰：「九姑來耶？」一女子答云：「來矣。」又曰：「臘梅從九姑來耶？」似一婢答云：「來矣。」……參酌移時，即聞九姑喚筆硯。

無何，折紙戢戢然，拔筆擲帽丁丁然，磨墨隆隆然；既而投筆觸几，震震作響，便聞撮藥包裹蘇蘇然。頃之，女子推簾，呼病者授藥並方。

1.5

梁，四十以來女子也，綏綏有狐意。入其舍，複室中挂紅幕。探幕以窺，壁間懸觀音像；又兩三軸，跨馬操矛，騶從紛沓。北壁下有案；案頭小座，高不盈尺，貼小錦褥，云仙人至，則居此。眾焚香列揖。婦擊磬三，口中隱約有詞。祝已，肅客就外榻坐。婦立簾下理髮支頤與客語，具道仙人靈蹟。……言未已，聞室中細細繁響，如蝙蝠飛鳴。方凝聽間，忽案上若墮巨石，聲甚厲。婦轉身曰：「幾驚怖煞人！」便聞案上作歎咤聲，似一健叟。婦以蕉扇隔小座。座上大言曰：「有緣哉！有緣哉！」

1.6

童時赴郡試，值春節。舊例，先一日，各行商賈，彩樓鼓吹赴藩司，名曰「演春」。余從友人戲矚。是日遊人如堵。堂上四官皆赤衣，東西相向坐。時方稚，亦不解其何官。但聞人語嚌嘈，鼓吹聒耳。忽有一人率披髮童，荷擔而上，似有所白；萬聲洶動，亦不聞為何語。但視堂上作笑聲。即有青衣人大聲命作劇。其人應命方興，問：「作何劇？」堂上相顧數語。吏下宣問所長。答言：「能顛倒生物。」吏以白官。少頃復下，命取桃子。術人聲諾。解衣覆笥上，故作怨狀，曰：「官長殊不了了！堅冰未解，安所得桃？不取，又恐為南面者所怒。奈何！」其子曰：「父已諾之，又焉辭？」術人惆悵良久，乃云：「我籌之爛熟。春初雪積，人間何處可覓？唯王母園中，四時常不凋謝，或有之。必竊之天上，乃可。」子曰：「嘻！天可階而升乎？」曰：「有術在。」乃啟笥，出繩一團，約數十丈，理其端，望空中擲去；繩即懸立空際，若有物以挂之。未幾，愈擲愈高，渺入雲中；手中繩亦盡。乃呼子曰：「兒來！余老憊，體重拙，不能行，得汝一往。」遂以繩授子，曰：「持此可登。」子受繩有難色，怨曰：

「阿翁亦大憒憒！如此一線之繩，欲我附之，以登萬仞之高天。倘中道斷絕，骸骨何存矣！」父又強嗚拍之，曰：「我已失口，悔無及。煩兒一行。兒勿苦，倘竊得來，必有百金賞，當為兒娶一美婦。」子乃持索，盤旋而上，手移足隨，如蛛趁絲，漸入雲霄，不可復見。久之，墜一桃，如盌大。術人喜，持獻公堂。堂上傳視良久，亦不知其真偽。忽而繩落地上，術人驚曰：「殆矣！上有人斷吾繩，兒將焉託！」移時，一物墮。視之，其子首也。捧而泣曰：「是必偷桃，為監者所覺。吾兒休矣！」又移時，一足落；無何，肢體紛墮，無復存者。術人大悲。一一拾置笥中而闔之，曰：「老夫止此兒，日從我南北游。今承嚴命，不意罹此奇慘！當負去瘞之。」乃升堂而跪，曰：「為桃故，殺吾子矣！如憐小人而助之葬，當結草以圖報耳。」坐官駭詫，各有賜金。術人受而纏諸腰，乃扣笥而呼曰：「八八兒，不出謝賞，將何待？」忽一蓬頭僮首抵笥蓋而出，望北稽首，則其子也。以其術奇，故至今猶記之。後聞白蓮教，能為此術，意此其苗裔耶？

1.7

癸亥歲，余館於畢刺史公之綽然堂。公家花木最盛，暇輒從公杖履，得恣游賞。一日，眺覽既歸，倦極思寢，解屨登牀。夢二女郎，被服豔麗，近請曰：「有所奉託，敢屈移玉。」余愕然起，問：「誰相見召？」曰：「絳妃耳。」恍惚不解所謂，遽從之去。俄睹殿閣，高接雲漢。下有石階，層層而上，約盡百餘級，始至顛頭。見朱門洞敞，又有二三麗者，趨入通客。無何，詣一殿外，金鉤碧箔，光明射眼。內一女人降階出，環珮鏘然，狀若貴嬪。方思展拜，妃便先言：「敬屈先生，理須首謝。」呼左右以毯貼地，若將行禮。余惶悚無以為地，因啟曰：「草莽微賤，得辱寵召，已有餘榮。況敢分庭抗禮，益臣之罪，折臣之福！」妃命撤毯設宴，對筵相向。酒數行，余辭曰：「臣飲少輒醉，懼有愆儀。教命云何？幸釋疑慮。」妃不言，但以巨杯促飲。余屢請命。乃言：「妾，花神也。合家細弱，依棲於此，屢被封家婢子，橫見摧殘。今欲背城借一，煩君屬檄草耳。」余皇然起奏：「臣學陋不文，恐負重託；但承寵命，敢不竭肝鬲之愚。」妃喜，即殿上賜筆札。諸麗者拭案拂座，磨墨濡毫。又一垂髫人，折紙為範，置腕下。略寫一兩句，便二三輩疊背相窺。余素遲鈍，此時覺文思若湧。少間，稿脫，爭持去，啟呈絳妃。妃展閱一過，頗謂不疵，遂復送余歸。醒而憶之，情事宛然。但檄詞強半遺忘，……

2.1

宮中尚促織之戲，歲征民間。此物故非西產；有華陰令欲媚上官，以一頭進，試使鬪而才，因責常供。令以責之里正。市中游俠兒，得佳者籠養之，昂其直，居為奇貨。里胥猾黠，假此科斂丁口，每責一頭，輒傾數家之產。邑有成名者，操童子業，久不售。為人迂訥，遂為猾胥報充里正役，百計營謀不能脫。不終歲，薄產累盡。會征促織，成不敢斂戶口，而又無所賠償，憂悶欲死。

2.2

蝗災告城隍文

維康熙某年月日某官，敢昭告于　本縣城隍顯佑伯之神曰。惟　神與吏，咸有事于茲土，則遇災而禦，有患而捍。　神之靈也，吏之職也。今茲三農在野，百穀未登，昨歲遺蝗，孳生在地，二麥之受其荼毒者，幾半于郊外矣。乃旬日之間，蝗從鄰邑西南而來。振羽繩繩，緣塍被隴。萬姓奔號，若喪亡之無日。某等已具禱于神，神未有以殛之也。豈天災之難救歟。百六之適際歟。不然，則吏之奉職無狀，而精誠未能冥格也。民不能禦災而籲之吏，吏不能為民禦災而祈之　神。神赫赫在上，能無即以吏與民之所祈者，得請于　帝歟。夫以為災會流行之必然，與蝗之來也，綿亙千有餘里，郯介其中，特彈丸黑子耳，將安所逃哉。此皆人事之窮于補救之說也，　神不其然意。　神冥矚之中，當有先民與吏，而愀然愾歎者矣。　神其速殛之，幽毋盡傷于我黍稷，毋俾遺種于此田疇，民尚克有秋。惟　神之賜，神其鑑之。敢告。

2.3

滕邑趙旺，夫妻奉佛，不茹葷血，鄉中有「善人」之目。家稱小有。一女小二，絕慧美。趙珍愛之。年六歲，使與兄長春，並從師讀，凡五年而熟五經焉。同窗丁生，字紫陌，長於女三歲，文采風流，頗相傾愛。私以意告母，求婚趙氏。趙期以女字大家，故弗許。未幾，趙惑於白蓮教；徐鴻儒既反，一家俱陷為賊。小二知書善解，凡紙兵豆馬之術，一見輒精。小女子師事徐者六人，惟二稱最，因得盡傳其術。趙以女故，大得委任。時丁年十八，游滕泮矣，而不肯論婚，意不忘小二也。潛亡去，投徐麾下。女見之喜，優禮逾於常格。女以徐高足，主軍務；晝夜出入，父母不得閒。丁每宵見，嘗斥絕諸役，輒至三漏。丁私告曰：「小生此來，卿知區區之意否？」女云：「不知。」丁曰：「我非妄意攀龍，所以故，實為卿耳。左道無濟，止取滅亡，卿慧人，不念此乎？能從我亡，則寸心誠不負矣。」女憮然為間，豁然夢覺，曰：「背親而行，不義，請告。」二人入陳利害，趙不悟，曰：「我師神人，豈有舛錯？」女知不可諫，乃易髫而髻。出二紙鳶，與丁各跨其一；鳶肅肅展翼，似鶼鶼之鳥，比翼而飛。質明，抵萊蕪界。女以指撚鳶項，忽即斂墮。遂收鳶；更以雙衛，馳至山陰里，託為避亂者，僦屋而居。二人草草出，嗇於裝，薪儲不給。丁甚憂之。假粟比舍，莫肯貸以升斗。女無愁容，但質簪珥。閉門靜對，猜燈謎，憶亡書，以是角低昂；負者，駢二指擊腕臂焉。西鄰翁姓，綠林之雄也。一日，獵歸。女曰：「富以其鄰，我何憂？暫假千金，其與我乎！」丁以為難。女曰：「我將使彼樂輸也。」乃翦紙作判官狀，置地下，覆以雞籠。然後握丁登榻，煮藏酒，檢周禮為觴政：任言是某冊第幾頁，第幾人，即共翻閱。其人得食傍、水傍、酉傍者飲；得酒部者倍之。既而女適得「酒人」，丁以巨觥引滿促釂。女乃祝曰：「若借得金來，君當得飲部。」丁翻卷，得「鼈人」。女大笑曰：「事已諧矣！」滴瀝授爵。丁不服。女曰：「君是水族，宜作鼈飲。」方喧競所，聞籠中戛戛。女起曰：「至矣。」啟籠驗視，則布囊中有巨金纍纍充溢。丁不勝愕喜。後翁家媼抱兒來戲，竊言：「主人初歸，篝燈夜坐。地忽暴裂，深不可底。一判官自內出，言：『我地府司隸也。太山帝君會諸冥曹，造暴客惡錄，須銀燈千架，架計重十兩；施百架，則消滅罪愆。』主人駭懼，焚香叩禱，奉以千金。判官荏苒而入，地亦遂合。」夫妻聽其言，故嘖嘖詫異之。而從此漸購牛馬，蓄廝婢，自營宅第。里無賴子窺其富，糾諸不逞，踰垣劫丁。丁夫婦始自夢中醒，則編菅爇照，寇集滿屋。二人執丁；又一人探手女懷。女袒而起，戟指而呵曰：「止，止！」盜十三人，皆吐舌呆立，痴若木偶。女始著袴下榻；呼集家人，一一反接其臂，逼令供吐明悉。乃責之曰：「遠方人埋頭澗谷，冀得相扶持；何不仁至此！緩急人所時有，窘急者不妨明告，我豈積殖自封者哉？豺狼之行，本合盡誅；但吾所不忍，姑釋去，再犯不宥！」諸盜叩謝而去。居無何，鴻儒就擒，趙夫婦妻子俱被夷誅；生齎金往贖長春之幼子以歸。兒時三歲，養為己出，使從姓丁，名之承祧。於是里中人漸知為白蓮教戚裔。適蝗害稼，女以紙鳶數百翼放田中，蝗遠避，不入其隴，以是得無恙。里人共嫉之，群首於官，以為鴻儒餘黨。官瞰其富，內視之，收丁。丁以重賂啗令，始得免。女曰：「貨殖之來也苟，固宜有散亡。然蛇蝎之鄉，不可久居。」因賤售其業而去之，止於益都之西鄙。女為人靈巧，善居積，經紀過於男子。嘗開琉璃廠，每進工人而指點之，一切棊燈，其奇式幻采，諸肆莫能及，以故直昂得速售。居數年，財益稱雄。而女督課婢僕嚴，食指數百無冗口。暇輒與丁烹茗著棋，或觀書史為樂。錢穀出入，以及婢僕業，凡五日一課；女自持籌，丁為之點籍唱名數焉。勤者賞賚有差；惰者鞭撻罰膝立。是日給假不夜作，夫妻設肴酒，呼婢輩度俚曲為笑。女明察如神，人無敢欺。而賞輒浮於其勞，故事易辦。村中二百餘家，凡貧者俱量給資本，鄉以此無游惰。值大旱，女令村人設壇於野，乘輿夜出，禹步作法，甘霖傾注，五里內悉獲霑足。人益神之。女出未嘗障面，村人皆見之。或少年群君，私議其美；及覿面逢之，俱肅肅無敢仰視者。每秋日，村中童子不能耕作者，授以錢，使采茶薊，幾二十年，積滿樓屋。人竊非笑之。會山左大饑，人相食；女乃出菜，雜粟贍饑者，近村賴以全活，無逃亡焉。

3.1

紹興有寡媼夜績，忽一少女推扉入，笑曰：「老姥無乃勞乎？」視之，年十八九，儀容秀美，袍服炫麗。媼驚問：「何來？」女曰：「憐媼獨居，故來相伴。」媼疑為侯門亡人，苦相詰。女曰：「媼勿懼，妾之孤，亦猶媼也。我愛媼潔，故相就，兩免岑寂，固不佳耶？」媼又疑為狐，默然猶豫。女竟升牀代績，曰：「媼無憂，此等生活，妾優為之，定不以口腹相累。」媼見其溫婉可愛，遂安之。夜深，謂媼曰：「攜來衾枕，尚在門外，出溲時，煩捉之。」媼出，果得衣一裹。女解陳榻上，不知是何等錦繡，香滑無比。媼亦設布被，與女同榻。羅衿甫解，異香滿室。既寢，媼私念：遇此佳人，可惜身非男子。女子枕邊笑曰：「姥七旬，猶妄想耶？」媼曰：「無之。」女曰：「既不妄想，奈何欲作男子？」媼愈知為狐，大懼。女又笑曰：「願作男子，何心而又懼我耶？」

3.2

細柳娘，中都之士人女也。或以其腰嫖嬝可愛，戲呼之「細柳」云。柳少慧，解文字，喜讀相人書。而生平簡默，未嘗言人臧否，但有問名者，必求一親窺其人。閱人甚多，俱未可，而年十九矣。父母怒之曰：「天下迄無良匹，汝將以丫角老耶？」女曰：「我實欲以人勝天；顧久而不就，亦吾命也。今而後，請惟父母之命是聽。」時有高生者，世家名士，聞細柳之名，委禽焉。既醮，夫婦甚得。生前室遺孤，小字長福，時五歲，女撫養周至。女或歸寧，福輒號啼從之，呵遣所不能止。年餘，女產一子，名之長怙。生問名字之義，答言：「無他，但望其長依膝下耳。」女於女紅疎略，常不留意；而於畝之東南，稅之多寡，按籍而問，惟恐不詳。久之，謂生曰：「家中事請置勿顧，待妾自為之，不知可當家否？」生如言，半載而家無廢事，生亦賢之。一日，生赴鄰村飲酒，適有追逋賦者，打門而誶；遣奴慰之，弗去。乃趣僮召生歸。隸既去，生笑曰：「細柳，今始知慧女不若痴男耶？」女聞之，俯首而哭。生驚挽而勸之，女終不樂。生不忍以家政累之，仍欲自任，女又不肯。晨興夜寐，經紀彌勤。每先一年，即儲來歲之賦，以故終歲未嘗見催租者一至其門；又以此法計衣食，由此用度益紓。於是生乃大喜，嘗戲之曰：「細柳何細哉：眉細、腰細、凌波細，且喜心思更細。」女對曰：「高郎誠高矣：品高、志高、文字高，但願壽數尤高。」村中有貨美材者，女不惜重直致之；價不能足，又多方乞貸於戚里。生以其不急之物，固止之，卒弗聽。蓄之年餘，富室有喪者，以倍貲贖諸其門。生因利而謀諸女，女不可。問其故，不語；再問之，熒熒欲涕。心異之，然不忍重拂焉，乃罷。又踰歲，生年二十有五，女禁不令遠遊；歸稍晚，僮僕招請者，相屬於道。於是同人咸戲謗之。一日，生如友人飲，覺體不快而歸，至中途墮馬，遂卒。時方溽暑，幸衣衾皆所夙備。里中始共服細娘智。福年十歲，始學為文。父既歿，嬌惰不肯讀，輒亡去從牧兒遨。譙訶不改，繼以夏楚，而頑冥如故。母無奈之，因呼而諭之曰：「既不願讀，亦復何能相強？但貧家無冗人，可更若衣，便與僮僕共操作，不然，鞭撻勿悔！」於是衣以敗絮，使牧豕；歸則自掇陶器，與諸僕啗飯粥。數日，苦之，泣跪庭下，願仍讀。母返身向壁，置不聞。不得已，執鞭啜泣而出。殘秋向盡，桁無衣，足無履，冷雨沾濡，縮頭如丐。里人見而憐之，納繼室者，皆引細娘為戒，嘖有煩言。女亦稍稍聞之，而漠不為意。福不堪其苦，棄豕逃去，女亦任之，殊不追問。積數月，乞食無所，憔悴自歸；不敢遽入，哀求鄰媼往白母。女曰：「若能受百杖，可來見；不然，早復去。」福聞之，驟入，痛哭願受杖。母問：「今知改悔乎？」曰：「悔矣。」曰：「既知悔，無須撻楚，可安分牧豕，再犯不宥！」福大哭曰：「願受百杖，請復讀。」女不聽，鄰媼慫恿之，始納焉。濯髮授衣，令與弟怙同師。勤身銳慮，大異往昔，三年遊泮。中丞楊公，見其文而器之，月給常廩，以助燈火。怙最鈍，讀數年不能記姓名。母令棄卷而農。怙遊閒憚於作苦。母怒曰：「四民各有本業，既不能讀，又不能耕，寧不溝瘠死耶？」立杖之。由是率奴輩耕作，一朝晏起，則詬罵從之；而衣服飲食，母輒以美者歸兄。怙雖不敢言，而心竊不能平。農工既畢，母出貲使學負販。怙淫賭，入手喪敗，詭託盜賊運數，以欺其母。母覺之，杖責瀕死。福長跪哀乞，願以身代，怒始解。自是一出門，母輒探察之。怙行稍斂，而非其心之所得已也。一日，請母，將從諸賈入洛；實借遠遊，以快所欲，而中心惕惕，惟恐不遂所請。母聞之，殊無疑慮，即出碎金三十兩，為之具裝；末又以鋌金一枚付之，曰：「此乃祖宦囊之遺，不可用去，聊以壓裝，備急可耳。且汝初學跋涉，亦不敢望重息，只此三十金得無虧負足矣。」臨行又囑之。怙諾而出，欣欣意自得。至洛，謝絕客侶，宿名娼李姬之家。凡十餘夕，散金漸盡。自以巨金在橐，初不意空匱在慮；及取而斫之，則偽金耳。大駭，失色。李媼見其狀，冷語侵客。怙心不自安，然囊空無所向往，猶冀姬念夙好，不即絕之。俄有二人握索入，驟縶項領。驚懼不知所為。哀問其故，則姬已竊偽金去首公庭矣。至官，不能置辭，梏掠幾死。收獄中，又無資斧，大為獄吏所虐，乞食於囚，苟延餘息。初，怙之行也，母謂福曰：「記取廿日後，當遣汝之洛。我事煩，恐忽忘之。」福請所謂，黯然欲悲，不敢復請而退。過二十日而問之。歎曰：「汝弟今日之浮蕩，猶汝昔日之廢學也。我不冒惡名，汝何以有今日？人皆謂我忍，但淚浮枕簟，而人不知耳！」因泣下。福侍立敬聽，不敢研詰。泣已，乃曰：「汝弟蕩心不死，故授之偽金以挫折之，今度已在縲絏中矣。中丞待汝厚，汝往求焉，可以脫其死難，而生其愧悔也。」福立刻而發；比入洛，則弟被逮三日矣。即獄中而望之，怙奄然面目如鬼，見兄涕不可仰。福亦哭。時福為中丞所寵異，故遐邇皆知其名。邑宰知為怙兄，急釋之。怙至家，猶恐母怒，膝行而前。母顧曰：「汝願遂耶？」怙零涕不敢復作聲，福亦同跪，母始叱之起。由是痛自悔，家中諸務，經理維勤；即偶惰，母亦不呵問之。凡數月，並不與言商賈，意欲自請而不敢，以意告兄。母聞而喜，並力質貸而付之，半載而息倍焉。是年，福秋捷，又三年登第；弟貨殖累巨萬矣。邑有客洛者，窺見太夫人，年四旬，猶若三十許人，而衣妝樸素，類常家云。

4.1

松齡其第三子，十餘歲未聘，聞劉公次女待字，媒通之。或訾其貧。劉公曰：「聞其為忍辱仙人，又教兒讀，不以貧輟業，貽謀必無蹉跌，雖貧何病？」遂文定焉。順治乙未間，訛傳朝廷將選良家子充掖庭，人情洶動。劉公初不信，而意不敢堅，亦從眾送女詣壻家，時年十三，姑董與同寢處。訛言既息，始移歸。又二年，始行御輪之禮。入門最溫謹，樸訥寡言，不及諸宛若慧黠，亦不似他者與姑誶誒也。姑董謂其有赤子之心，頗加憐愛，到處逢人稱道之。冢婦益恚，率娣姒若為黨，疑姑有偏私，頻偵察之；而姑素坦白，即庶子亦撫愛如一，無瑕可蹈也。然時以虛舟之觸為姑罪，呶呶者競長舌無已時。處士公曰：「此烏可久居哉！」乃析箸授田二十畝。時歲歉，菽五斗、粟三斗。雜器具，皆棄朽敗，爭完好；而劉氏默若痴。兄弟皆得夏屋，爨舍閒房皆具；松齡獨異：居惟農場老屋三間，曠無四壁，小樹叢叢，蓬蒿滿之。

4.2

崔猛，字勿猛，建昌世家子。性剛毅，幼在塾中，諸童稍有所犯，輒奮拳毆擊，師屢戒不悛；名、字，皆先生所賜也。至十六七，強武絕倫。又能持長竿躍登夏屋。喜雪不平，以是鄉人共服之，求訴稟白者盈階滿室。崔抑強扶弱，不避怨嫌；稍逆之，石杖交加，支體為殘。每盛怒，無敢勸者。惟事母孝，母至則解。母譴責備至，崔唯唯聽命，出門輒忘。比鄰有悍婦，日虐其姑。姑餓瀕死，子竊啖之；婦知，詬厲萬端，聲聞四院。崔怒，逾垣而過，鼻耳唇舌盡割之，立斃。母聞大駭，呼鄰子，極意溫卹，配以少婢，事乃寢。母憤泣不食。崔懼，跪請受杖，且告以悔。母泣不顧。崔妻周，亦與並跪。母乃杖子，而又針刺其臂，作十字紋，朱塗之，俾勿滅。崔並受之。母乃食。母喜飯僧道，往往饜飽之。適一道士在門，崔過之。道士目之曰：「郎君多凶横之氣，恐難保其令終。積善之家，不宜有此。」崔新受母戒，聞之，起敬曰：「某亦自知；但一見不平，苦不自禁。力改之，或可免否？」道士笑曰：「姑勿問可免不可免，請先自問能改不能改。但當痛自抑；如有萬分之一，我告君以解死之術。」崔生平不信厭禳，笑而不言。道士曰：「我固知君不信。但我所言，不類巫覡，行之亦盛德；即或不效，亦無妨礙。」崔請教，乃曰：「適門外一後生，宜厚結之，即犯死罪，彼亦能活之也。」呼崔出，指示其人，蓋趙氏兒，名僧哥。趙，南昌人，以歲祲饑，僑寓建昌。崔由是深相結，請趙館於其家，供給優厚。僧哥年十二，登堂拜母，約為弟昆。踰歲東作，趙攜家去，音問遂絕。崔母自鄰婦死，戒子益切，有赴訴者，輒擯斥之。一日，崔母弟卒，從母往弔。途遇數人，縶一男子，呵罵促步，加以捶扑。觀者塞途，輿不得進。崔問之。識崔者競相擁告。先是，有巨紳子某甲者，豪橫一鄉，窺李申妻有色，欲奪之，道無由。因命家人誘與博賭，貸以貲而重其息，要使署妻於券，貲盡復給。終夜，負債數千；積半年，計子母三十餘千。申不能償，強以多人篡取其妻。申哭諸其門。某怒，拉繫樹上，榜笞刺剟，逼立「無悔狀」。崔聞之，氣涌如山，鞭馬前向，意將用武。母搴簾而呼曰：「唶！又欲爾耶！」崔乃止。既弔而歸，不語亦不食，兀坐直視，若有所嗔。妻詰之，不答。至夜，和衣臥榻上，輾轉達旦，次夜復然。忽啟戶出，輒又還臥。如此三四，妻不敢詰，惟慴息以聽之。既而遲久乃反，掩扉熟寢矣。是夜，有人殺某甲於牀上，刳腹流腸；申妻亦裸尸牀下。官疑申，捕治之。橫被殘梏，踝骨皆見，卒無詞。積年餘，不堪刑，誣服，論辟。會崔母死，既殯，告妻曰：「殺甲者，實我也。徒以有老母故，不敢泄。今大事已了，奈何以一身之罪殃他人？我將赴有司死耳！」妻驚挽之，絕裾而去，自首於庭。官愕然，械送獄，釋申。申不可，堅以自承。官不能決，兩收之。戚屬皆誚讓申。申曰：「公子所為，是我欲為而不能者也。彼代我為之，而忍坐視其死乎？今日即謂公子未出也可。」執不異詞，固與崔爭。久之，衙門皆知其故，強出之，以崔抵罪，瀕就決矣。會卹刑官趙部郎，案臨閱囚，至崔名，屏人而喚之。崔入，仰視堂上，僧哥也。悲喜實訴。趙徘徊良久，仍令下獄，囑獄卒善視之。尋以自首減等，充雲南軍，申為服役而去；未期年，援赦而歸，皆趙力也。既歸，申終從不去，代為紀理生業。予之貲，不受。緣橦技擊之術，頗以關懷。崔厚遇之，買婦授田焉。崔由此力改前行，每撫臂上刺痕，泫然流涕。以故鄉鄰有事，申輒矯命排解，不相稟白。有王監生者，家豪富，四方無賴不仁之輩，出入其門。邑中殷實者，多被劫掠；或迕之，輒遣盜殺諸途。子亦淫暴。王有寡嬸，父子俱烝之。妻仇氏，屢沮王，王縊殺之。仇兄弟質諸官，王賕囑，以告者坐誣。兄弟冤憤莫伸，詣崔求訴。申絕之使去。過數日，客至，適無僕，使申瀹茗。申默然出，告人曰：「我與崔猛朋友耳，從徙萬里，不可謂不至矣；曾無廩給，而役同廝養，所不甘也！」遂忿而去。或以告崔。崔訝其改節，而亦未之奇也。申忽訟於官，謂崔三年不給傭值。崔大異之，親與對狀，申忿相爭。官不直之，責逐而去。又數日，申忽夜入王家，將其父子嬸婦並殺之，黏紙於壁，自書姓名；及追捕之，則亡命無跡。王家疑崔主使，官不信。崔始悟前此之訟，蓋恐殺人之累己也。關行附近州邑，追捕甚急。會闖賊犯順，其事遂寢。及明鼎革，申攜家歸，仍與崔善如初。時土寇嘯聚，王有從子得仁，集叔所招無賴，據山為盜，焚掠村幢。一夜，傾巢而至，以報仇為名。崔適他出；申破扉始覺，越牆伏暗中。賊搜崔、李不得，擄崔妻，括財物而去。申歸，止有一僕，忿極，乃斷繩數十段，以短者付僕，長者自懷之。囑僕越賊巢，登半山，以火爇繩，散挂荆棘，即反勿顧。僕應而去。申窺賊皆腰束紅帶，帽繫紅絹，遂傚其裝。有老牝馬初生駒，賊棄諸門外。申乃縛駒跨馬，銜枚而出，直至賊穴。賊據一大村，申縶馬村外，踰垣入。見賊眾紛紜，操戈未釋。申竊問諸賊，知崔妻在王某所。俄聞傳令，俾各休息，轟然噭應。忽一人報東山有火，眾賊共望之；初猶一二點，既而多類星宿。申坌息急呼東山有警。王大驚，束裝率眾而出。申乘間漏出其右，反身入內。見兩賊守帳，紿之曰：「王將軍遺佩刀。」兩賊競覓。申自後斫之，一賊踣；其一回顧，申又斬之。竟負崔妻越垣而出。解馬授轡，曰：「娘子不知途，縱馬可也。」馬戀駒奔駛，申從之。出一隘口，申灼火於繩，偏懸之，乃歸。

次日，崔還，以為大辱，形神跳躁，欲單騎往平賊。申諫止之。集村人共謀，眾恇怯莫敢應。解諭再四，得敢往二十餘人，又苦無兵。適於得仁族姓家獲奸細二。崔欲殺之，申不可；命二十人各持白梃，具列於前，乃割其耳而縱之。眾怨曰：「此等兵旅，方懼賊知，而反示之。脫其傾隊而來，闔村不保矣！」申曰：「吾正欲其來也。」執匿盜者誅之。遣人四出，各假弓矢火銃，又詣邑借巨砲二。日暮，率壯士至隘口，置砲當其衝，使二人匿火而伏，囑見賊乃發。又至谷東口，伐樹置崖上。已而與崔各率十餘人，分岸伏之。一更向盡，遙聞馬嘶，賊果大至，繩屬不絕。俟盡入谷，乃推墮樹木，斷其歸路。俄而砲發，喧騰號叫之聲，震動山谷。賊驟退，自相踐踏；至東口，不得出，集無隙地。兩岸銃矢夾攻，勢如風雨，斷頭折足者，枕藉溝中。遺二十餘人，長跪乞命。乃遣人縶送以歸。乘勝直抵其巢。守巢者聞風奔竄，搜其輜重而還。崔大喜，問其設火之謀。曰：「設火於東，恐其西追也；短，欲其速盡，恐偵知其無人也；既而設於谷口，口甚隘，一夫可以斷之，彼即追來，見火必懼：皆一時犯險之下策也。」取賊鞫之，果追入谷，見火驚退。二十餘賊，盡劓刖而放之。由此威聲大震，遠近避亂者從之如市，得土團三百餘人。各處強寇無敢犯，一方賴之以安。

5.1

甲寅歲，三藩作反，南征之士，養馬兗郡，雞犬廬舍一空，婦女皆被淫污。時遭霪雨，田中瀦水為湖，民無所匿，逐乘垣入高粱叢中。兵知之，裸體乘馬，入水搜淫，鮮有遺脫。惟張氏婦不伏，公然在家。有廚舍一所，夜與夫掘坎深數尺，積茅焉；覆以薄，加薦其上，若可寢處。自炊竈下。有兵至，則出門應給之。二蒙古兵強與淫。婦曰：「此等事，豈可對人行者！」其一微笑，啁嗻而出。婦與入室，指薦使先登。薄折，兵陷。婦又另取薦及薄覆其上，故立坎邊，以誘來者。少間，其一復入。聞坎中號，不知何處。婦以手笑招之曰：「在此處。」兵踏薦，又陷。婦乃益投以薪，擲火其中。火大熾，屋焚。婦乃呼救。火既熄，燔尸焦臭。人問之。婦曰：「兩豬恐害於兵，故納坎中耳。」

5.2

湖州宗湘若，士人也。秋日巡視田壠，見禾稼茂密處，振搖甚動。疑之，越陌往覘，則有男女野合。一笑將返。即見男子靦然結帶，草草遝去。女子亦起。細審之，雅甚娟好。心悅之，欲就綢繆，實慚鄙惡。乃略近拂拭曰：「桑中之遊樂乎？」女笑不語。宗近身啟衣，膚膩如脂。於是挼莎上下幾徧。女笑曰：「腐秀才！要如何，便如何耳，狂探何為？」詰其姓氏，曰：「春風一度，即別東西，何勞審究？豈將留名字作貞坊耶？」宗曰：「野田草露中，乃山村牧豬奴所為，我不習慣。以卿麗質，即私約亦當自重，何至屑屑如此？」女聞言，極意嘉納。宗言：「荒齋不遠，請過留連。」

5.3

生狎抱之。女曰：「君暫釋手。今有兩道，請君擇之。」生攬項問故。曰：「若為棋酒之交，可得三十年聚首；若作牀笫之歡，可六年諧合耳。君焉取？」生曰：「六年後再商之。」

5.4

女訶之曰：「君非丈夫，負此弁耳！使我易髻而冠，青紫直芥視之！」生方懊喪，聞妻言，睒睗而怒曰：「闈中人，身不到場屋，便以功名富貴似汝廚下汲水炊白粥；若冠加於頂，恐亦猶人耳！」女笑曰：「君勿怒。俟試期，妾請易裝相代。倘落拓如君，當不敢復藐天下士矣。」生亦笑曰：「卿自不知蘗苦，真宜使請嘗試之。但恐綻露，為鄉鄰笑耳。」女曰：「妾非戲語。君嘗言燕有故廬，請男裝從君歸，偽為弟。君以襁褓出，誰得辨其非？」生從之。女入房，巾服而出，曰：「視妾可作男兒否？」生視之，儼然一顧影少年也。……會學使案臨，兩人並出。兄又落。弟以冠軍應試，中順天第四；明年成進士；授桐城令，有吏治；尋遷河南道掌印御史，富埒王侯。

5.5

南三復，晉陽世家也。有別墅，去所居十里餘，每馳騎日一詣之。適遇雨，途中有小村，見一農人家，門內寬敞，因投止焉。近村人故皆威重南。少頃，主人出邀，跼蹐甚恭。入其舍斗如。客既坐，主人始操篲，殷勤氾掃。既而潑蜜為茶。命之坐，始敢坐。問其姓名，自言：「廷章，姓竇。」未幾，進酒烹雛，給奉周至。有笄女行炙，時止戶外，稍稍露其半體，年十五六，端妙無比。南心動。雨歇既歸，繫念綦切。越日，具粟帛往酬，借此階進。是後常一過竇，時攜肴酒，相與留連。女漸稔，不甚忌避，輒奔走其前。睨之，則低鬟微笑。南益惑焉，無三日不往者。一日，值竇不在，坐良久，女出應客。南捉臂狎之。女慙急，峻拒曰：「奴雖貧，要嫁，何貴倨淩人也！」時南失偶，便揖之曰：「倘獲憐眷，定不他娶。」女要誓；南指矢天日，以堅永約，女乃允之。自此為始，瞰竇他出，即過繾綣。女促之曰：「桑中之約，不可長也。日在帡幪之下，倘肯賜以姻好，父母必以為榮，當無不諧。宜速為計！」南諾之。轉念農家豈堪匹耦？姑假其詞以因循之。會媒來為議姻於大家；初尚躊躇，既聞貌美財豐，志遂決。女以體孕，催並益急，南遂絕迹不往。無何，女臨蓐，產一男。父怒搒女。女以情告，且言：「南要我矣。」竇乃釋女，使人問南；南立卻不承。竇乃棄兒，益扑女。女暗哀鄰婦，告南以苦。南亦置之。女夜亡，視棄兒猶活，遂抱以奔南。款關而告閽者曰：「但得主人一言，我可不死。彼即不念我，寧不念兒耶？」閽人具以達南，南戒勿內。女倚戶悲啼，五更始不復聞。質明視之，女抱兒坐僵矣。

5.6

梁有才，故晉人，流寓於濟，作小負販。無妻子田產。從村人登岱。岱，四月交，香侶雜沓。又有優婆夷、塞，率眾男子以百十，雜跪神座下，視香炷為度，名曰「跪香」。才視眾中有女郎，年十七八而美，悅之。詐為香客，近女郎跪；又偽為膝困無力狀，故以手據女郎足。女回首似嗔，膝行而遠之。才又膝行近之；少間，又據之。女郎覺，遽起，不跪，出門去。才亦起，出履其迹，不知其往。心無望，怏怏而行。途中見女郎從媼，似為女也母者。才趨之。媼女行且語。媼云：「汝能參禮娘娘，大好事！汝又無弟妹，但獲娘娘冥加護，護汝得快壻，但能相孝順，都不必貴公子、富王孫也。」才竊喜，漸漬詰媼。媼自言為雲氏，女名翠仙，其出也。家西山四十里。才曰：「山路澀，母如此蹜蹜，妹如此纖纖，何能便至？」曰：「日已晚，將寄舅家宿耳。」才曰：「適言相壻，不以貧嫌，不以賤鄙，我又未婚，頗當母意否？」媼以問女，女不應。媼數問，女曰：「渠寡福，又蕩無行，輕薄之心，還易翻覆。兒不能為遢伎兒作婦！」才聞，樸誠自表，切矢皦日。媼喜，竟諾之。女不樂，勃然而已。母又強拍咻之。才殷勤，手於橐，覓山兜二，舁媪及女。己步從，若為僕。過隘，輒訶兜夫不得顛搖動，良殷。俄抵村舍，便邀才同入舅家。舅出翁，妗出媪也。雲兄之嫂之。謂：「才吾壻。日適良，不須別擇，便取今夕。」舅亦喜，出酒肴餌才。既，嚴妝翠仙出，拂榻促眠。女曰：「我固知郎不義，迫母命，漫相隨。郎若人也，當不須憂偕活。」才唯唯聽受。明日早起，母謂才：「宜先去，我以女繼至。」才歸，掃戶闥。媪果送女至。入視室中，虛無有。便云：「似此何能自給？老身速歸，當小助汝辛苦。」遂去。次日，有男女數輩，各攜服食器具，布一室滿之。不飯俱去，但留一婢。才由此坐溫飽，惟日引里無賴，朋飲競賭，漸盜女郎簪珥佐博。女勸之，不聽；頗不耐之，惟嚴守箱奩，如防寇。一日，博黨款門訪才，窺見女，適適驚。戲謂才曰：「子大富貴，何憂貧耶？」才問故。答曰：「曩見夫人，實仙人也。適與子家道不相稱。貨為媵，金可得百；為妓，可得千。——千金在室，而聽飲博無貲耶？」才不言，而心然之。歸輒向女欷歔，時時言貧不可度。女不顧，才頻頻擊桌，抛匕箸，罵婢，作諸態。一夕，女沽酒與飲。忽曰：「郎以貧故，日焦心。我又不能御窮，分郎憂，中豈不愧怍？但無長物，止有此婢，鬻之，可稍稍佐經營。」才搖首曰：「其直幾許！」又飲少時，女曰：「妾於郎，有何不相承？但力竭耳。念一貧如此，便死相從，不過均此百年苦，有何發跡？不如以妾鬻貴家，兩所便益，得直或較婢多。」才故愕言：「何得至此！」女固言之，色作莊。才喜曰：「容再計之。」遂緣中貴人，貨隸樂籍。中貴人親詣才，見女大悅。恐不能即得，立券八百緡，事濱就矣。女曰：「母日以壻家貧，常常縈念，今意斷矣，我將暫歸省；且郎與妾絕，何得不告母？」才慮母阻。女曰：「我顧自樂之，保無差貸。」才從之。夜將半，始抵母家。撾闔入，見樓舍華好，婢僕輩往來憧憧。才日與女居，每請詣母，女輒止之，故為甥館年餘，曾未一臨岳家。至此大駭，以其家巨，恐媵妓所不甘也。女引才登樓上。媼驚問夫妻何來。女怨曰：「我固道渠不義，今果然！」乃於衣底出黃金二鋌置几上，曰：「幸不為小人賺脫，今仍以還母。」母駭問故。女曰：「渠將鬻我，故藏金無用處。」乃指才罵曰：「豺鼠子！曩日負肩擔，面沾塵如鬼。初近我，熏熏作汗腥，膚垢欲傾塌，足手皴一寸厚，使人終夜惡。自我歸汝家，安坐餐飯，鬼皮始脫。母在前，我豈誣耶？」才垂首，不敢少出氣。女又曰：「自顧無傾城姿，不堪奉貴人；似若輩男子，我自謂猶相匹。有何虧負，遂無一念香火情？我豈不能起樓宇、買良沃，念汝儇薄骨、乞丐相，終不是白頭侶！」言次，婢媼連衿臂，旋旋圍遶之。聞女責數，便都唾罵，共言：「不如殺卻，何須復云云！」才大懼，據地自投，但言知悔。女又盛氣曰：「鬻妻子已大惡，猶未便是劇；何忍以同衾人賺作娼！」言未已，眾皆裂，悉以銳簪翦刀股攢刺脇腂。才號悲乞命。女止之曰：「可暫釋卻。渠便無仁義，我不忍其觳觫。」乃率眾下樓去。才坐聽移時，語聲俱寂，思欲潛遁。忽仰視見星漢，東方已白，野色蒼莽；燈亦尋滅。並無屋宇，身坐削壁上。俯瞰絕壑，深無底。駭絕，懼墮。身稍移，塌然一聲，墮石崩墜。壁半有枯橫焉，罥不得墮。以枯受腹，手足無著。下視茫茫，不知幾何尋丈。不敢轉側，嗥怖聲嘶，一身盡腫，眼耳鼻舌身力俱竭。日漸高，始有樵人望見之；尋綆來，縋而下，取置崖上，奄將溘斃。舁歸其家。至則門洞敞，家荒荒如敗寺，牀簏什器俱杳，惟有繩牀敗案，是已家舊物，零落猶存。嗒然自臥。飢時，日一乞食於鄰。既而腫潰為癩。里黨薄其行，悉唾棄之。才無計，貨屋而穴居，行乞於道，以刀自隨。或勸以刀易餌，才不肯曰：「野居防虎狼，用自衛耳。」後遇向勸鬻妻者於途，近而哀語，遽出刀摯而殺之，遂被收。官廉得其情，亦未忍酷虐之，繫獄中，尋瘐死。

魏斐德、葛蘭特合編 Wakeman, Frederic and Carolyn Grant, eds.《帝制中國晚期的衝突與控制》*Conflict and Control in Late Imperial China*. Berkeley: University of California Press, 1975.

藤田敬一。〈清初山東しておけろ賦役制してついて〉。《東洋史研究》，24:2 (September 1965): 127-51.

《續修博山縣志》。15 卷。1937。台北：成文出版社，1968（重印）。

《讀例存疑》。薛允升著，黃靜嘉編。5 冊。台北：成文出版社，1970。

潘杓燦。《未信編》。6 卷。1684。

《滕縣志》。14 卷。1832。

談遷。《國榷》。完成於 1655 年。6 冊。北京，1958。

鄭天挺。《明末農民起義史料》。北京，1952。

鄧斯坦 Dunstan, Helen. “The Late Ming Epidemics: A Preliminary Survey.” *Ch’ing-shih wen-t’i*, 3:3 (1975): 1-59.

禚夢庵。〈郯城沂南詩社〉。《山東文獻》，2:4 (1977): 57-58.

橫山英。〈咸豐期山東の抗糧風潮と民團〉。《歷史教育》，12:9 (September 1964): 42-50.

蕭公權 Hsiao Kung-chuan.《中國鄉村：論 19 世紀的帝國控制》*Rural China: Imperial Control in the Nineteenth Century*. Seattle: University of Washington Press, 1960.

賴德史達特 Ladstätter, Otto.〈蒲松齡〉“Pu Sung-ling und seine Werke in Umgangsprache.” Inaugural dissertation, Ludwig-Maximilians University, Munich, 1960.

鮑來思 Boulais, Guy.《大清律例便覽》*Manuel du code chinois*. Variétés sinologiques, no. 55. Shanghai, 1924.

《嶧縣志》。10 卷。1761。

《臨沂縣志》。14 卷。1916。

謝國楨。《清初農民起義資料輯錄》。上海，1956。

韓那瓦特（芭芭拉）Hanawalt, Barbara.〈十四世紀及十五世紀早期英格蘭的橫死〉“Violent Death in Fourteenth- and Early Fifteenth-Century England.” *Comparative Studies in Society and History* 18:3 (1976): 297-320.

韓書瑞 Naqun, Susan.《中國的千禧年之亂：一八一三年的八卦教之亂》*Millenarian Rebellion in China: The Eight Triagrams Uprising of 1813*. New Haven: Yale University Press, 1976.

黃六鴻。見「注釋中所用的縮寫」。
黑吾特 Hervouet, Yves, general editor.《故事集》*Contes extraordinaires du pavillon du loisir, par P!ou Song-ling*. Collection UNESCO d'oeuvres représentatives, 31. Série chinoise. Paris: Gallimard, 1969.
《會典事例》。台北：啟文出版社，1963（重印）。
楊 Yang, Martin C.《中國的村莊》*A Chinese Village: Taitou, Shantung Province*. New York: Columbia University Press, 1945; paperback, 1965.
楊仁愷。〈聊齋志異原稿研究〉。瀋陽，1958。
楊柳。《聊齋志異研究》。南京，1958。
路大荒。〈薄柳泉先生年譜〉。《蒲松齡集》。頁 1745-1801。
《郯縣志》。3 卷。1716。
爾文 Irwin, Richard Gregg.《一本中國小說的演進》*The Evolution of a Chinese Novel: Shui-hu-chuan*. Cambridge, Mass.: Harvard University Press, 1966.
爾恆。Ahern, Emily.《死者崇祀》*The Cult of the Dead in a Chinese Village*. Stanford: Stanford University Press, 1973.
《福惠全書》。1694。見「注釋中所用的縮寫」。
蒲松齡。見「注釋中所用的縮寫」。
《蒲松齡集》。2 冊。北京：中華書局，1962。
《蒲松齡研究資料》。2 冊。Hong Kong: T'ao-chai shu-wu, 1974。
《實錄》。台北：華文出版社，1964（重印）。
劉階平。《聊齋編年詩集選注》。台北：中華書局，1974。
歐克（強納森）Ocko, Jonathan.〈丁日昌與江蘇的復興，一八六四至一八七〇年：修辭與現實〉"Ting Jih-ch'ang and Restoration Kiangsu, 1864-1870: Rhetoric and Reality." Ph.D. dissertation, Yale University, 1975.

in Hopei and Shantung, 1890-1949. Cambridge, Mass.: Harvard University Press, 1970.

《郯城縣志》（1673）。見「注釋中所用的縮寫」。

《重修郯城縣志》。12 卷。1763。

《續修郯城縣志》。10 卷。1810；台北：成文出版社，1968（重印）。

《郯城縣賦役全書》。1 卷。1897。

喬登 Jordan, David K.《神、鬼與祖先》*Gods, Ghosts, and Ancestors: The Folk Religion of a Taiwanese Village*. Berkeley: University of California Press, 1972.

彭孫貽。《平寇志》。12 卷。1931 年版。

普實克 Průšek, Jaroslav.《中國歷史與文學》*Chinese History and Literature: Collection of Studies*. Dordrecht: D. Reidel, 1970.

景甦、羅崙。《清代山東經營地主底社會性質》。山東：人民出版社，1959。

渥那 Werner, Edward Theodore Chalmers.《中國神話》*A Dictionary of Chinese Mythology*. Shanghai: Kelly and Walsh, 1932.

渥特（約翰）Watt, John.《帝制中國晚期的知縣》*The District Magistrate in Late Imperial China*. New York: Columbia University Press. pp. 267-68, note 56.

程正揆。《滄洲紀事》。《荆駝逸史》，卷 32。

《萊陽縣志》。34 卷。1935。

《費縣志》。10 卷。1689。

馮可參。見「注釋中所用的縮寫」。

黃仁宇 Huang, Ray.《賦稅》*Taxation and Governmental Finance in Sixteenth-Century Ming China*. Cambridge: Cambridge University Press, 1974.

《曹州府菏澤縣鄉土志》。1 卷。1908。台北：成文出版社，1968（重印）。
梅茲格 Metzger, Thomas. *The Internal Organization of Ch'ing Bureaucracy: Legal, Normative, and Communication Aspects*. Cambridge, Mass.: Harvard University Press, 1973.
《淄川縣志》。8 卷。1743。
畢蒂（希拉蕊）Beattle, Hilary.〈中國的土地與家族：對明、清兩朝安徽桐城縣的研究〉"Land and Lineage in China: A Study of T'ung-ch'eng County, Anhwei, in the Ming and Ch'ing Dynasties." Ph.D. dissertation, Cambridge University, 1973.
畢曉普 Bishop, John Lyman. *The Colloquial Short Story in China: A Study of the San-yen Collections*. Cambridge, Mass.: Harvard University Press, 1956.
《聊齋志異》。參見「注釋中所用的縮寫」。
《聊齋志異》譯本。參見狄瓜拉、吉爾斯、黑吾特、光。
陳萬鼐。《洪昇研究》。台北：台灣學生書局，1970。
陳學霖 Chan Hok-lam.〈白蓮教〉"The White Lotus-Maitreya Doctrine and Popular Uprisings in Ming and Ch'ing China." *Sinologica*, Separatum Volume 10 (1969): 211-33.
章沛。〈聊齋志異個別作品中的民族思想〉。《文學遺產增刊》，六期（1958）：269-80。
麥爾斯 Myers, Ramon H.〈山東的商業化、農業發展〉"Commercialization, Agricultural Development, and Landlord Behavior in Shantung Province in the Late Ch'ing Period." *Ch'ing-shih wen-t'i, 2:8* (May 1972): 31-55.
——.《中國農民經濟：河北及山東的農業發展，一八九〇至一九四九年》*The Chinese Peasant Economy: Agricultural Development*

《邳州志》。20 卷。1851 年版。台北：成文出版社，1970（重印）。

恆慕義 Hummel, Arthur, ed.《清朝名人傳略》*Eminent Chinese of the Ch'ing Period*, 2 vols. Washington, D.C., 1943-44.

《重纂邵武府志》。30 卷。1900。台北：成文出版社，1967（重印）。

《邵武府續志》。10 卷。1670。

夏努（皮耶）Chaunu, Pierre.〈十六、十七、十八世紀巴黎之死〉"Mourir à Paris, XVIe, XVIIe, XVIIIe *siècles*," *Annales* 31:1 (1976): 29-31。

孫廷銓。《顏山雜記》。4 卷。1665。

《海州直隸州志》。32 卷。1811。台北：成文出版社，1970（重印）。

高（詹姆）Cole, James.〈紹興：清朝社會歷史研究〉"Shaohsing: Studies in Ch'ing Social History." Ph.D. dissertation, Stanford University, 1975.

《宿遷縣志》。19 卷。1875；重印，1965。

理雅各 Legge, James.《中國經典》*The Chinese Classics*. 5 vols, Rev. ed. Oxford: Clarendon Press, 1893-1895.

張春樹、張駱雪倫 Chang Chun-shu and Chang Hsüeh-lun.〈蒲松齡聊齋志異的世界〉"The World of P'u Sung-ling's *Liao-chai chih-i*: Literature and the Intelligentsia during the Ming-Ch'ing Dynastic Transition," *Journal of the Institute of Chinese Studies* (Chinese University of Hong Kong), 6:2 (1973): 401-23.

張景樵。《聊齋志異原稿考證》。台北，1968。

張曜。《山東軍興紀略》。22 卷。台北：文海出版社，1970（重印）。

西村元照。〈清初の土地丈量してついて〉。《東洋史研究》33:3 (December 1974): 102-55.
何炳棣 Ho Ping-ti.《中國人口研究，一三六八至一九五三年》*Studies on the Population of China, 1368-1953*. Cambridge, Mass.: Harvard University Press, 1959.
何滿子。《蒲松齡與聊齋志異》。上海，1965。
吳爾夫 Wolf, Arthur P., ed.《宗教與儀式》*Religion and Ritual in Chinese Society*. Stanford: Stanford University Press, 1974.
李文治。《晚明民變》。香港：遠東圖書公司，1966（重印）。
李漁。《資治新書》。14 卷，1663；20 卷，1667。
杜黑 Doré, Henri.《探索》*Recherches sur les superstitions en Chine*. Variétés sinologiques, no. 48: *Le panthéon chinois* (fin); Variétés sinologiques, no. 49: *Popularisation du confucéisme*. ... Shanghai: Imprimerie de la Mission Catholique, 1918.
沈之奇。《大清律輯註》。30 卷（1715）。1755 年版。
《沂州志》。8 卷。1674。
《沂州府志》。36 卷。1760。
狄瓜拉 Di Giura, Ludovico Nicola, trans. *I Racconti Fantastici di Liao* [translation of P'u Sung-ling's *Liao-chai chih-i*]. Milan: Arnoldo Mondadori [1926], 1962.
貝爾（馬克）。Bell, Mark A.《中國》*China: Being a Military Report on the Northeastern Portions of the Provinces of Chih-li and Shan-tung; Nanking and its Approaches; Canton and its Approaches; etc., ect. 2 vols*, Simla: Government Central Branch Press, 1884.
《東光縣志》。8 卷。1693。
法式善。《清秘述聞》。16 卷，1798。台北：文海出版社，重印年代不詳。

reprint ed., Taipei: Ch'eng-wen, 1966.
史瑞克 Shryogk, John.《安慶的廟宇》*The Temples of Anking and Their Cults: A Study of Modern Chinese Religion*. Paris: Geuthner, 1931.
布朗納德、海格史創 Brunnert, H. S., And Hagelstrom, V. V. *Present Day Political Organization of China*. Translated by A. Beltchenko and E. E. Moran. Shanghai: Kelly and Walsh, 1911.
布德。Bodde, Derk.〈監獄生活〉"Prison Life in Eighteenth-Century Peking." *Journal of the American Oriental Society*, 89 (1969): 311-33.
── And Morris, Clarence. *Law in Imperial China, Exemplified by 190 Ch'ing Dynasty Cases*. Cambridge, Mass.: Harvard University Press, 1967.
亥陶爾 Hightower, James Robert. *Topics in Chinese Literature, Outlines and Bibliographies*. Cambridge, Mass.: Harvard University Press, 1962.
光（音譯）Quong, Rose, trans. *Chinese Ghost and Love Stories: A Selection from the Liao Chai Stories by P'u Sung-ling*. New York: Pantheon, 1946.
吉爾斯 Giles, Herbert A., trans.《聊齋志異》英譯本 *Strange Stories from a Chinese Studio*. Rev. ed. London: T. W. Laurie, 1916.
朱永德 Chu, Yung-deh Richard.《白蓮教》"An Introductory Study of the White Lotus Sect in Chinese History with Special Reference to Peasant Movements." Ph.D. Dissertation, Columbia University, 1967.
艾伯赫 Eberhard, Wolfram. *Chinesische Träume und ihre Deutung*. Akademie der Wissenschaften und der Literatur, Abhandlungen der Geistes und Sozialwissenschaftlichen Klasse, Jahrgang 1974, nr. 14. Wiesbaden: Franz Steiner Verlag, 1971.

參考書目

《八旗通志》。1739版。台北：台灣學生書局，1968（重印）。

《山東地方史講授提綱》。中國：山東人民出版社，1960。

《山東通志》。64卷。1678。

——。200卷。1911。

山根幸夫。見「注釋中所用的縮寫」。

中村治兵衛。〈清代山東の學田〉。《史淵》，64 (February 1955): 43-63.

——。〈清代山東の學田の小作〉。《史淵》，71 (December 1956): 55-77.

巴克（大衛）Buck, David D.〈民國時期山東的省級菁英〉"The Provincial Elite in Shantung during the Republican Period: Their Successes and Failures." *Modern China*, 1:4 (October 1975): 417-46.

巴克 Buck, John Lossing. *Land Utilization in China: A Study of 16,786 Farms in 168 Localities*. …II:《統計表》*Statistics*. III:《地圖》*Atlas*. Nanking: University of Nanking Press, 1937.

王業鍵 Wang Yeh-chien.《土地租稅》*Land Taxation in Imperial China, 1750-1911*. Cambridge, Mass.: Harvard University Press, 1973.

王植。〈郯城尹黃思湖傳〉。《崇德堂藁》，卷4。

史坦東 Staunton, Sir George.《刑法》*Ta Tsing Leu Lee; Being the Fundamental Laws ... of the Penal Code of China*. London, 1810;

170a；用三兩銀子安撫死者的家庭，頁 53，在這個個案中，死者的家庭也免掉一丁的稅收。

77 蛇：蒲，頁 172、579。

78 水、群眾：蒲，頁 585。

79 死亡：黃六鴻的驗屍報告，見黃，頁 169d。

80 任的故事：黃，頁 167c、d。

81 屍體：黃，頁 169a。

結語

1 第一天：黃，頁 167c、d。黃用口語的形式，描述經過，以加強他所謂的「傳奇式」敘事風格的效果，但我推測他是摘述原來的證詞。

2 訴訟程序：代書與訴狀，黃，頁 49、頁 120a；密封訴狀，頁 119-121；臨時差票，頁 123c-124a；郯城監獄，馮的地圖及卷 2 頁 4。

3 監獄：陋習，黃，頁 151a-152c（布德，〈監獄生活〉，取材自方苞在一七一二至一七一三年的經驗，他對類似情形有令人印象深刻的描述，可確認此處的記載）；改善，頁 152d-153a，頁 154；組織，頁 153。

4 第二天：黃，頁 167c-168c；審判程序，頁 128b-129c；審問的過程，頁 130。

5 第三天：黃，頁 168c-169c；驗屍過程，頁 164，頁 173-175。

6 城隍：黃經常用祂來威嚇地方負責收稅的里胥、戶長，黃，頁 109a、b。蒲松齡在〈胭脂〉這篇故事中，也會安排一位知縣用城隍廟作類似的用途，見蒲，頁 1373。

7 第四天：黃，頁 169c-170d；死於杖責，頁 40c，頁 53c；動用枷鎖，頁 131c。

8 餓鬼：田氏，馮，卷 7 頁 24b；爾恒，《死者崇祀》，頁 241-244；喬登，《神、鬼與祖先》，頁 33-36；黃論她的幽魂，頁

50 按摩：蒲，頁 637、1001、774、908。
51 瘤：蒲，頁 60-61。
52 累了：蒲，頁 1268。
53 她的隨從：蒲，頁 647。
54 門：蒲，頁 394。
55 院子與鞦韆：蒲，頁 647-648。
56 船：蒲，頁 706。
57 微風：蒲，頁 1261。
58 雲層與星星：蒲，頁 416。
59 階梯：蒲，頁 342。
60 水果和酒：蒲，頁 300。
61 牡丹與山茶：蒲，頁 1548。
62 不知名的樂器：蒲，頁 947。
63 詠唱著女性：蒲，頁 59。
64 輕風和鳥：蒲，頁 985。
65 樹與鳥：蒲，頁 460。
66 鞋子與露水：蒲，頁 535、538。
67 高塔：蒲，頁 1525-1526。
68 他不斷發抖：蒲，頁 855。
69 食物與夜壺：蒲，頁 861-862。
70 繡花鞋：蒲，頁 1588。
71 女人的帽子：蒲，頁 724。
72 化妝品與棉製足球：蒲，頁 1001。
73 透明的球：蒲，頁 371。
74 高塔消失了：蒲，頁 1526。
75 鼻涕與佳人：蒲，頁 122。
76 滿嘴塞滿泥巴：蒲，頁 1535。

400-403，及史帝芬·弗壯（Stephan Feuchtwang），〈台灣家庭和社區的崇拜〉，頁112-113，收於吳爾夫編的《宗教與儀式》，頁105-129。這間廟似乎是一座鄉間小廟，而不是馮在卷4頁7所列的三座廟中的一座。

36 在廟裡；所有這些對話，都由高記錄在他的證詞中，黃，頁168a、b。

37 杖責：《讀例存疑》，頁889（302.00條）；史坦東，《刑法》，頁324-327（302節）。

38 離婚的法條：《讀例存疑》，頁312（116條）；鮑來思，《便覽》，頁300-303（633-645節）；史坦東，《刑法》，頁120-122（第116節）。

39 王氏的最後兩個月：黃猜測，任計畫一找回妻子，就將她殺害，頁168d。在黃對案情的描述中，這床新的草蓆不時被提起。黃，頁294a-c，描述了下至村落這個層級的好壞行為的紀錄。

40 寒冷：黃的敘述顯示當時正在下雪。平均溫度分見：貝爾，頁45、46、53，以及巴克，《統計表》，表五，頁7。楊，《中國的村莊》，頁38-40，仔細描述了山東窮人家的房子。

41 吵架：黃，頁168d。

42 她的衣服：黃，頁169a。

43 冬天的湖：蒲，頁580。

44 冬天的山：蒲，頁1261。

45 房間：蒲，頁150。

46 花：蒲，頁439-440。

47 臉和手：蒲，頁294、282。

48 她的微笑：蒲，頁1182、1433。

49 睡覺的地方：蒲，頁1280-1281。

27 逃走的婦女：《讀例存疑》，頁 312（116.00.5 條）；史坦東，《刑法》，頁 121（116 節）。其他窩藏逃犯者，見史坦東，《刑法》，頁 228 及 236（217 和 223 節）。

28 通姦的法律：《讀例存疑》，頁 1079（366.00 條）；史坦東，《刑法》，頁 404-05（366 節）；鮑來思，《便覽》，頁 680-681（1580-1584 節）。史坦東給的杖責次數，和這裡的其他資料不一致。

29 親夫報仇：《讀例存疑》，頁 783（285.00 條）；史坦東，《刑法》，頁 307（285 節）；鮑來思，《便覽》，頁 546-547（1232-1235 節）。

30 路上生活：陰陽學官，馮，卷 2 頁 3b。布朗納德與海格史創在頁 430（850 號），列出一些不同的職業。關於小販，黃，頁 101d；亡命之徒的工作，頁 214b；逃犯的普及，頁 72d。藤田敬一，〈清初山東〉，頁 133，對山東這段時期很高的逃犯人數，也有所討論。

31 魏姓捕壯：黃，頁 215-216b。

32 詐騙遊戲：黃，頁 218d-219a。

33 擺渡人：黃，頁 359d-360a，採錄自《未信編》。

34 女性的工作：黃，頁 151b、209a，媒婆及保人；關於孤兒院及老人之家，頁 313c、363c、d（黃提到一些孤兒院有多達九十位的保母，但郯城不大可能有這種規模的機構）；關於賭博和仕紳設立的妓院，頁 269d、270b。讓黃煩心的，不僅是妓院是道德上的恥辱，以及人來人往的贓物交換中心的事實；他還認為，特別是驛站的騎兵，在妓院尋歡過後，筋疲力盡地睡到日上三竿，甚至騎馬離開時，還是茫然若失、心不在焉，頁 344d-345a。

35 三種力量：「三官」的教義摘要，見渥那，《中國神話》，頁

嬰；楊，《中國的村莊》，頁 10，討論了低報人口；馮，卷 7，關於《貞烈傳》中富人的多妻。

19 進入任家：《重修郯城縣志》（1763），描述了另一位王氏。

20 王與任：他們生活的這些細節，可以從黃書中的報告得知：頁 167c，任對自己工作的證詞，頁 169a，關於王氏小腳的驗屍報告；頁 168a，道士關於逃亡故事的證詞。王氏逃亡的日期，由她死亡的日期倒推回來計算，應該是在康熙十年十二月下旬。

21 逃亡路線：馮，卷 2 頁 8。

22 邳州：從郯城來的水路路線，見馮，卷 2 頁 8。邳州的天災，見《邳州志》，卷 3 頁 2、卷 4 頁 17、卷 5 頁 1、卷 6 頁 6b。該州的州治在一六八九年遷到更靠近郯城邊界的新址。

23 郯城縣城：巡邏人員和詢問旅客，黃，頁 359a、b；客棧中的詐欺行為，頁 127b，特別是關於那些進城處理訟事的人（黃說這些店主也和衙役勾結，後者會拖延官司來謀利）；住宿客棧的登記，頁 247b、c；夜間的規定，頁 262d-263b。黃提到在一六七〇及一六七二年間，他如何嚴格地在郯城執行這些保甲的法令，見頁 215c。

24 馬頭鎮：遭到襲擊，馮，卷 9 頁 9b，卷 7 頁 27（姚氏），以及《重修郯城縣志》（1763），卷 5 頁 18b；駐軍稍後駐紮在當地，根據《重修郯城縣志》（1763），卷 4 頁 16b，共有十八名騎兵與六十名步兵。之前，在明朝，當地有一位無足輕重的課司（稅官），卷 7 頁 20b；市集，卷 4 頁 9b；廟宇、節慶、花園，卷 4 頁 6-12；醫學正，卷 9 頁 18。一般的商業生活，在黃，頁 73c-74c，有所描述。

25 妻子可以自由離去：鮑來思，《便覽》，頁 300，〈觀察〉。

26 寧陽的案例：沈之奇，《大清律》卷 19 頁 9b-10。

8 何氏：馮，卷7頁26b。

9 陳氏：馮，卷7頁22b；陳氏的丈夫就是在一六五一年遇害的那位杜之棟。一七六三年版的《郯城縣志》中，陳氏的故事由於刪除了一些生動的細節，並增加了一段說教意味的對話，而顯得薄弱。

10 其他的生還者：徐，馮，卷7頁29；楊，卷7頁23b；高，卷7頁28b。

11 張妻：蒲，頁1527-1528，〈張氏婦〉，這篇故事是乾隆版的蒲氏集中刪除的作品之一（故事的後半部從此處刪除）。

12 宗生：蒲，頁682，〈荷花三娘子〉；狄瓜拉，頁860。

13 婦女的價碼：十五兩，蒲，頁601，頁1387（同書，頁1022-1023，十個晚上三十兩）；一千兩，同書，頁709；二百兩，同書，頁791；一百兩，同書，頁883；十兩，同書，頁423；三兩，同書，頁431。並參見韓書瑞，《中國的千禧年之亂》，頁282，此處提到一位婦女定價十兩，另一個十一歲的男孩定價一兩。

14 蒲論情色：離婚，頁1110、1156；報復，頁368、374、1404；同性戀的文人，頁317、1530、1573；醜女，頁642、1107、1283；夜叉，頁353；強壯的婦女，頁1243；私生子，頁311；處女生活，頁929（關於麻姑生於郯城，見杜黑，《探索》，XII，頁1118）；機智與性，頁1268。

15 顏氏：蒲，頁766-769。

16 竇氏：蒲，頁712-714。這篇故事有一個長而複雜的結尾，描述對無情的勾引者的天譴。

17 雲翠仙：蒲，頁748-754；狄瓜拉，頁1097-1104。

18 較少的女性：《續修郯城縣志》（1810），頁34-38，提供了按男／女，大／小分類的人口數；黃在書中頁364d討論了殺

第五章

1　女性傳記：明及清初的相關傳記印在馮，卷 7 頁 19-30b。

2　高氏的例子：馮，卷 7 頁 19b-20。用城隍廟作為儀式性宣告和自殺的驚人案例，見於蒲松齡的故事〈李司鑑〉，蒲，頁 426（狄瓜拉，頁 337；刪節版，見吉爾斯的英譯本，頁 212-13）。根據蒲的細述，李司鑑是永年縣的舉人，一六六五年，因為謀害妻子被捕。在往衙門受審途中，他掙脫守衛，從路邊肉攤奪了一把屠刀，逃到城隍廟，跪在神像前大喊：「神明責怪我聽信奸人之言，在鄉黨間顛倒是非。祂命我割掉一隻耳朵。」於是他割掉左耳、丟到地上。又叫道：「神明責怪我騙取他人錢財，命我切斷一根手指。」於是他切斷左手的一根手指。他再叫道：「神明責怪我姦淫婦女，要我自行去勢。」李照著做了，而這個傷口奪去他的生命。

3　貧窮婦女的自殺：這些例子都列在《沂州志》中：卷 6 頁 37 是住在郯城正北的劉氏；根據卷 6 頁 41，這位商人的妻子剛好住在郯城轄區內。她是一個懷有身孕而自殺的罕見例子。

4　另一位劉氏：馮，卷 7 頁 20b。

5　十三歲的女孩：《重修郯城縣志》（1763），卷 10 頁 9，〈列女傳〉後附加的傳記「王氏」條。在蒲，頁 78，一個住在未婚夫家中的孤女，在九歲時被未來的丈夫強暴；在蒲，頁 1283-1286，另外一個故事〈喬女〉中，蒲呈現了女子忠於未婚夫的動人例子。

6　悠久的記憶：王氏的公公會在下文再度出現；社長郁純，《重修郯城縣志》（1763），卷 9 頁 9b；范寡婦，馮，卷 7 頁 29b。

7　謝氏與田氏：馬，卷 7 頁 22b-23。（我將中國人的歲數，一律改為西方人的算法。）

清律》中賊盜部分的單獨類目；見《讀例存疑》，頁 589-622（266 條）。

9 王具狀擔保：黃，頁 197c。

10 二十四名無賴：黃，頁 39c、d 有所描述。這裡的描寫，和小說《水滸傳》中的山東世界，有更多類似之處：在聽到知縣計畫逮捕造反分子時，宋江正好是衙門差役，所以得以警告他們；李逵是江州監獄的獄卒。見爾文，《一本中國小說的演進》，頁 123、132。

11 余彪：黃，頁 197c、d。

12 管明育：黃，頁 197d-198a。

13 知縣的資源：軍隊，馮，卷 3 頁 17b-25 頁；僚屬及其薪資，馮，卷 3 頁 16b-17b；騎兵與步兵的比例，見《重修郯城縣志》（1763），卷 4 頁 16b-17。黃對千總朱成名才幹的描述，見黃，頁 70d。我認為他跟這個案子中的朱君是同一個人。馬夫對營兵，見黃，頁 70c。那個夏天馬匹的狀況，見黃，頁 40c。

14 重坊之旅：黃，頁 198b。一個讓人驚訝的、關於黃的精確性的例子，可以從他的記事中看出：該年農曆六月僅有二十九天，而非三十天，所以農曆七月的第一天是二十九號的「次日」。農曆曆書的解說顯示康熙九年確實是如此。

15 戰鬥：黃，頁 198c-199b。

16 逮捕與驚慌：黃，頁 199c-d。

17 殺一家三人：《讀例存疑》，頁 815（287 條）；史坦東，《刑法》，頁 308（287 節）；鮑來思，《便覽》，頁 551（1249 節）。

18 王在邳州的基地：黃，頁 199b。

344-345（317 節）。

第四章

1　蒲的家庭：《蒲松齡集》，頁 252；普實克譯，〈兩件跟蒲松齡一生有關的文件〉，收在普實克著，《中國歷史與文學》，頁 86。（我用了一些代名詞，取代蒲的第三人稱格式，並試著讓這一段文字更清楚。）

2　家族內的爭鬥：蒲，頁 1580-1587，〈曾友于〉；吉爾斯，英譯本，頁 193-201。蒲，頁 1292 有一個故事，同樣是以訛傳順治朝廷欲選良家女入宮一事作重點。

3　〈崔猛〉：蒲，頁 1127-1134；狄瓜拉，頁 1289-1298。這篇故事有許多模仿自英雄故事和《水滸傳》式的情節，並不是特別典型的蒲氏敘事風格。有關《水滸傳》對明朝晚期山東居民的影響的討論，見朱永德，《白蓮教》，頁 115-116。

4　王三：關於王過去的事蹟和不同的別名，黃，頁 197b 有記載。于七之亂的細節，載於《萊陽縣志》（卷末，附記部分），頁 5b-6。蒲松齡把這場動亂當成不同故事的焦點。例如，〈野狗〉，蒲，頁 70；〈公孫九娘〉，頁 477。

5　李東振：這件案子的細節，由黃六鴻寫在兩份冗長的報告中，見黃，頁 140a-141d、196d-200a。

6　指控侮辱：黃，頁 140b、197c。楊，《中國的村莊》，頁 169-70 討論到，在山東鄉區，公開的侮辱如果導致「顏面盡失」，是極其重大的事。

7　殺人：黃，頁 140c-141a。

8　控訴：關於另一件出於報仇的搶劫殺人事件，見馮，卷 7 頁 25。在這起事件中，土匪在一六五〇年襲擊歸昌時，「仇賊」殺了孫氏的生員丈夫（「仇賊屠夫」）。「仇賊」並不是《大

10 寡婦吳氏：馮，卷 7 頁 20b。關於不同血親間的認養，見鮑來思，《大清律例便覽》，頁 186-187（386 節）。

11 寡婦安氏：馮，卷 7 頁 21。

12 寡婦高氏：馮，卷 7 頁 28b-29。

13 繼承法：《讀例存疑》，頁 247（078.02 條）；史坦東，《刑法》，頁 526，附錄 12A。《刑法》中規定無子嗣的寡婦得繼承夫產中屬於她們的一份，但她們再嫁時，這份財產就沒收；有子息的寡婦的地位，隨著再嫁而不同，端視她是否像上述吳寡婦一樣，帶著孩子，或是把孩子丟給夫家。蒲，頁 927，〈牛成章〉，就是一個虛構的，拋棄孩子的例子。丈夫對其妻子再嫁的矛盾心情，見同書，頁 96、191；害怕再婚後，孩子會被繼父母虐待，見同書，頁 1024、1322。

14 陳家的騷擾：黃，頁 145a。關於偷牛的罪行，見《讀例存疑》，頁 677（270.06 條）。關於山東農場的牛，見楊，《中國的村莊》，頁 48；貧窮村塾的課程和管理，見頁 144-145。

15 選立後嗣：《讀例存疑》，頁 247（078.02 條）；鮑來思，《便覽》，頁 189（398 節）。

16 陳連的叔叔：黃，頁 145a-b；鮑來思，《便覽》，頁 188、190（393、400 節）。

17 復仇條款：《讀例存疑》，頁 962（323.00 條）；鮑來思，《便覽》，頁 624-625（1444-1446 節；在 1448 節鮑來思舉了一個後來的例子，在這個案例中，兒子過了十年後，才替母親報仇）；史坦東，《刑法》，頁 352-353（323 節）。

18 陳連遇害：黃，頁 145b-c。

19 毆打親戚：《讀例存疑》，頁 930（317.00 條）；鮑來思，《便覽》，頁 611-612（1410 節）；史坦東，《刑法》，頁比率。高冊社就有五個姓張的和四個姓劉的。

38 劉胡案：見黃，頁 75d-76c，黃印了兩份關於這個案子的報告，呈送給知府。

第三章

1 彭氏：這件案子的細節，記錄在黃六鴻於一六七〇年呈給上司的兩份報告中，黃，頁 143c-144c，頁 144c-145c。

2 模範寡婦：彭氏，馮，卷 7 頁 22；李氏，卷 7 頁 22b（她的兒子是杜之棟，和其他舉人一起列名在卷 8 頁 4b-5；他的傳記見卷 7 頁 6）；杜氏，卷 7 頁 24；劉氏，卷 7 頁 25；田氏，卷 7 頁 30；范氏，卷 7 頁 29b-30。

3 老寡婦的故事：蒲，頁 1221，〈績女〉；狄瓜拉，頁 1212-1213。

4 蒲的嘲弄：就像在蒲，頁 682「宗生」的故事一樣，這個故事的一部分翻譯，參見下面第五章，頁 147。

5 編史：馮，頁 3b-4 有馮寫的序：編纂者杜、梁、張及徐分別跟陳氏，馮，卷 7 頁 22b；劉氏，卷 7 頁 25；楊氏，卷 7 頁 23b；田氏與杜氏，卷 7 頁 24b 有關係。

6 寡婦與情人：蒲，頁 699-703，〈金生色〉。

7 寡婦們的智慧：最好的例子是蒲，頁 1391-1401 的〈仇大娘〉，敘述一位年輕的寡婦把自己的親生兒子託給亡夫家，然後回到娘家，幫助自己守寡的繼母固守田產，並撫養她的兩個繼弟長大。

8 〈細柳〉：蒲，頁 1019-1025；狄瓜拉，頁 966-973。

9 蒲書中的其他故事：鄰居奪取寡婦的家產，頁 1210、1284；訴訟與脅迫，頁 672、878、907、975、1391；縱慾，頁 308、668、757、1417、1428；賭博，頁 532、1270、1473、1534。

條列的弊端，見馮，卷 3 頁 15b；蕭公權，《中國鄉村》，頁 132-139。關於清初仕紳階級的逃稅模式，和未註冊土地的問題，西村元照在〈清初の土地〉中有詳細的研究。橫山英在〈咸豐期山東の抗糧〉一文中，分析了晚清在山東爆發的激烈抗爭。

30 城隍：馮，卷 4 頁 4。關於這位神祇的活動，以及加諸在祂身上的榮耀的一般性敘述，見史瑞克，《安慶的廟宇》，頁 98-115；城隍在地方階序中的位置，見吳爾夫，〈神、鬼與祖先〉一文，收在他的《宗教與儀式》，頁 139。

31 蝗災告城隍文：黃，頁 281a-c；由後面的禱詞，可以證明這篇祭告文的日期是一六七一年。在蒲書，頁 491，蒲松齡有一篇向沂州地區城隍成功祈願的故事。

32 小二：蒲，頁 378-382。黑吾特的《故事集》，頁 68-74，有絕佳的法文翻譯；另見狄瓜拉，頁 590-596。

33 玻璃工廠：蒲松齡可能從十七世紀，淄川鄰縣博山縣興盛的玻璃製品（琉璃）得到這個想法。從他的一些傳記中，我們知道他在多次旅程中，都曾經路過博山。《博山縣志》，頁 572-576，對這間工廠有詳細的描述。方志的資料來源，則是一六六五年初版的孫廷銓，《顏山雜記》。《山東地方史講授提綱》，頁 35-36，及景甦、羅崙合著的《清代山東經營》，頁 24-29，對上述玻璃業和其他一些十七世紀山東的工業都有討論。

34 仕紳的「面子」：黃，頁 80b。

35 新汪：黃，頁 75c，地理位置見馮，卷 3 頁 1-2。

36 納稅人的士氣：黃，頁 92c。

37 兩大家族：從馮，卷 8 頁 2 和卷 8 頁 9b-12 重新建構出的結論，根據的是在里社的登記中，各姓買得科名或有較高科名的人數頁 74d-75a。

17 配額的減少：《重修郯城縣志》（1763），卷 5 頁 18b；馮，卷 3 頁 1b，卷 3 頁 7b-8b。

18 花地：相關的討論，分別參見：黃仁宇，《賦稅》，頁 40-42；何炳棣，《人口》，頁 102-123；以及王，《土地租稅》，頁 32-33。馮從萬曆朝的方志中引用了這個最低稅等的觀點，見卷 3 頁 19。

19 「沙壓地」的例子：黃，頁 68。黃似乎是在描述海埔新生地，也許被臨時的沖積沙土所覆蓋。

20 詐騙：官銀匠，黃，頁 87b；拿走穀物，頁 99a；「城市如地獄」，頁 83b。

21 銀櫃：黃，頁 80a、80c。在頁 81c，黃建議每四里設置一個櫃子。

22 其他的稅收：貢品，馮，卷 3 頁 20b，以及《郯城縣賦役全書》。其他的在黃書中有所討論：小販，頁 102；牙人，頁 101b；當鋪，頁 101a（一六七四年，這些稅增加了一倍，以支付三藩之亂的花費）；菸草及酒類，頁 101c；火耗費，頁 87。

23 促織：蒲，頁 484；狄瓜拉，頁 689；吉爾斯，英譯本，頁 275-276。

24 城市中的商人：收到的款項，黃，頁 73c、d；商人，頁 74a、b。關於馬頭鎮的注解，見第五章注 24 提到資料的出處。

25 市集的鄉約：黃，頁 74a、70a。

26 防兵：黃，頁 70a、77b。

27 合約：黃，頁 146d。

28 地主的弊端：黃，頁 106d-107b，馮，卷 3 頁 15。

29 包攬制度：黃，頁 107c-d，把仕紳階級分成鄉紳及青衿。馮卷3頁7。此處記載死於地震的八千七百人中，一千五百五十二人是男丁；根據同樣的比例，再加上豁免掉的家庭，一六七〇年登錄的九千四百九十八名丁口，意味著人口總數為五萬五千至六萬五千人。所有的人口數都只是近似值。作這類評估可能碰到的問題，見何炳棣的《人口》，第二章；在山東所作的類似評估，見藤田敬一，頁136-137。

8 保甲：馮，卷3頁1-2；黃，頁244-245。蕭公權，《中國鄉村》，第三章。在頁265-266，蕭引用了一些黃本人的觀點。市集在馮，卷3頁34b。黃書中所用的術語顯示，在郯城鄉下，戶長對自己的土地和家庭負責，甲長負責十家，保正負責十名甲長或一百家，保長則負責四鄉之一。

9 登錄：黃，頁249，在此舉人並不被視為鄉紳。

10 民防：黃，頁250c，但是他的每莊五十戶，及每鄉一百莊的整體數目，只適用於比郯城大的縣。

11 拖欠稅款：黃，頁89c。

12 預算：稅收，馮，卷3頁3b-11b；幕僚，卷3頁16-17b；軍隊，卷3頁25；河工，卷3頁29。各種費用摘要列在《重修郯城縣志》（1763），卷5頁19-22。一六〇八年郯城從男丁收取的徭役稅（56.6%）和土地稅（43.4%）的比率，見黃仁宇，《賦稅》，頁130。

13 幹道：馮，卷2頁7-8。

14 驛站：馮，卷3頁18-19關於費用，卷3頁23-24關於討論。黃六鴻在一六七二年將這個制度加以改革：同上；黃，頁71、72。

15 徭役：黃，頁92c；木材，頁354a。到北京的道路距離，見《重修郯城縣志》（1763），卷2頁27b。

16 河工的徭役：討論的文章，見馮，卷3頁29；也可以參考黃，些地點。郯城在一七二四年由兗州府劃歸沂州：見《會典事例》，頁 5443。

3 農作物：郯城一六七三年生長的基本農作物列在馮，卷 3 頁 33-34。關於冬麥／高粱生長區，這些資料可以跟巴克的《統計表》中的資料互相對照；頁 261 列出主要作物的週期。巴克的《地圖》，頁 3-7，顯示郯城（第 112 號）歸在鄰近的嶧縣（第 118 號）之下。

4 工作週期：楊，《中國的村莊》，頁 16-23，不含稍後從西方進口的農作物花生和番薯。巴克，《統計表》的各個部分，討論山東的冬麥村落。其他有關山東降雨和溫度的數值，參見貝爾的《中國》，頁 45-47，及巴克的《統計表》。

5 稅捐表：黃，頁 89c、d。

6 縣下的區劃：馮，卷 3 頁 2b 對里甲制度有簡短的摘要。每一鄉有一位鄉長（公正）領導。戶頭結構在黃，頁 84c 及 d 有詳細的說明。在馮或黃的書中，我們沒有足夠的資料重建地方稅捐系統的所有細節，雖然對此後的山東其他一些區域有充分的資料可以這麼做。特別是下列作者從文件和訪談中蒐集的資料：景甦、羅崙的《清代山東經營地主》，麥爾斯的〈山東的商業化、農業發展……〉，以及大衛．巴克的〈民國時期山東的省級菁英〉。

7 稅吏：關於明朝榮譽職的例子，見黃仁宇，《賦稅》，頁 36-37。在《續修郯城縣志》（一八一〇），頁 144，郁純和其他一些郁姓人士都以社長列名，《重修郯城縣志》（1763），卷 9 頁 9b 有他的傳記。黃，頁 75d-76a，認為二胡都是新汪社的社長，這種兩人制度也列在《沂州志》，卷 1 頁 17。保甲甲長面臨類似的問題而棄職潛逃的例子，在蕭公權的《中國鄉村》，頁 80-81，有所描述。丁的數目紀錄在馮，卷 3 頁 3b，歷史與文學》，頁 84-91。

47 蒲子夜獨處：蒲，〈聊齋自誌〉，頁 3，這段晦澀、難懂的文章有廣泛的評論。黑吾特在《故事集》，頁 10-11，有部分翻譯。吉爾斯的《聊齋志異》英譯本，頁 15，對這段文字有完整的注解。最近一篇完整的譯文，見張春樹、張駱雪倫的〈蒲松齡聊齋志異的世界〉，頁 418。「幽冥之錄」指的是劉宋時期劉義慶的作品《幽明錄》。接下來的幾年，蒲又加了幾個故事，但基本上，這個集子在一六七九年已經完成。關於蒲氏這些年的困苦，參見普實克，《中國歷史與文學》，頁 92-108，〈蒲松齡的聊齋志異〉一文。

48 童年時期的戲法：蒲，頁 32；狄瓜拉，頁 1387。有些本子在故事開頭插入「試」字，但是府試通常並不在春季舉行，而且在這個故事中，蒲似乎比應試年齡來得小。

49 夢：蒲，頁 739-740；狄瓜拉，頁 1878。這篇故事定為一六八三年，是蒲稍後加到集子中的故事之一。蒲用極優雅而充滿暗喻的語言，重建他為絳妃寫的文稿。

50 一名書生和兩名女子：蒲，頁 220-231。地點在頁 220；出示手稿的情形，見頁 231。

第二章

1 雪：馮，卷 9 頁 15。黃的馬：黃，頁 68a，描寫的是康熙九年十二月二十五日的狀況。迎瑞雪：楊，《中國的村莊》，頁 17-18。沂州降雨量，見巴克的《統計表》，頁 1，表 3；溫度，頁 7，表 5。

2 郯城縣：馮，卷 1 及卷 2；一六七三年的地圖都印得很糟糕，而且只列出幾個地方；之後的郯城縣志未列出任何地圖。然而，我們可以從馮，卷 3 頁 1-2b 列出的坐標中，設法找出一拉，頁 1386。

43 通醫術的靈姑：蒲，頁 267-268，〈口技〉；狄瓜拉，頁 1391-1393。

44 狐仙梁氏：蒲，頁 691-692，〈上仙〉；狄瓜拉，頁 1681-1682。關於當前的薩滿習俗，見傑克．波特的〈廣東的薩滿信仰〉（Jack M. Potter, “Cantonese Shamanism”），收於吳爾夫編的《宗教與儀式》，頁 207-231，特別是頁 215-217，關於「神靈居留的神龕」的討論。

45 蒲的一生：基本資料見恆慕義編輯的《清朝名人傳略》，頁 628-630，及普實克的《中國歷史與文學》。最完整的年譜是路大荒的〈蒲柳泉先生年譜〉。劉階平的《聊齋編年詩集選注》，是一本根據蒲的詩作重建的傳記，有翔實的注解。蒲的老家、花園和墳墓的近照，印在《蒲松齡集》的開頭部分。

有為數不少的中國文獻，談論蒲松齡的藝術和政治姿態，其中大部分由張春樹和張駱雪倫摘錄在〈蒲松齡聊齋志異的世界〉，相當有用。其他一些有價值的研究作品有：何滿子，《蒲松齡與聊齋志異》，討論蒲的階級立場，並把這些故事和蒲後來的七齣戲曲作品互相參照。其次是章沛的〈聊齋志異個別作品中的民族思想〉，討論蒲氏作品中的反滿成分（是對何滿子的部分答辯）。再來是張友鶴在《三會本》，頁 1727-1728 中，對原稿與乾隆刊本間差異的討論。楊柳在《聊齋志異研究》一書中，對不同故事的來源作了研究。楊仁愷及張景樵對最近發現的《聊齋志異》原稿有一番分析。賴德史達特的〈蒲松齡〉，對蒲的態度和語言也作了有用的討論。十九篇新近探討蒲松齡的文章，則收集在《蒲松齡研究資料》中。

46 蒲的妻子：《蒲松齡集》，頁 252-253。普實克翻譯的〈兩件跟蒲松齡一生有關的文件〉，頁 85-88，收在普實克，《中國

頁 416。淄川的地震輕得多，有五百五十七座建築物毀壞，四人遇難，見《淄川縣志》，卷 3 頁 56。

36 蒲的故事：關於沂州，見蒲，頁 1622；〈仇大娘〉，蒲，頁 1391-1397，相當詳細地描述了被滿人擄獲的男性，和試圖固守土地的女性。其他一些寡婦的辛勞，在蒲書，頁 191、324、661、699、927、1019、1210、1284 有所描述。這些可以和《淄川縣志》，卷 3 頁 55 記載的饑荒，及同書，卷 3 頁 60 的滿洲人作比較。

37 劉的故事：蒲，頁 881，〈劉姓〉；狄瓜拉，頁 1601-1602。

38 淄川被圍困：《淄川縣志》，卷 3 頁 60b-61，及同書，卷 6 下頁 22b-32，「丁亥」年下的許多傳記。也可以參考《博山縣志》，頁 125；張春樹、張駱雪倫的〈蒲松齡聊齋志異的世界〉，頁 416，注 66。

39 官軍與叛軍：蒲，頁 1527，〈張氏婦〉故事的開頭。

40 蒲與叛亂：于七之亂的細節，分別參見《萊陽縣志》，卷 34 頁 5b-6 及謝國楨的《清初農民》一書，頁 113-116。關於處決及濟南的棺材，見蒲，頁 477、482；成堆的屍體，頁 70；逃向洞穴，頁 921；階級的混雜，頁 920、991；仕紳匪徒，頁 240；士大夫與匪徒之女，頁 971；「不義之人」，頁 1267；盜匪或娼妓，頁 1426；山東幫，頁 902-904。

41 滕縣與嶧縣的大本營：《費縣志》，卷 5 頁 7b；《鄒縣志》，卷 3 頁 86。山東這一地區的一般地勢，及十九世紀發生在山區的一些主要的叛亂，收集在張曜的《山東軍興紀略》，卷 19（針對鄒縣）及卷 20（針對淄川蒲的家鄉一帶）。這本書是橫山英〈咸豐期山東の抗糧風潮と民團〉一文主要的資料來源。

42 狐仙盜戶：蒲，頁 1086，〈盜戶〉；吉爾斯，頁 373；狄瓜告；頁 401，批准第一次地震減免；頁 459，最後對沂州震區施以二十二萬七千兩的減免。降低徭役員額：馮，卷 3 頁 1b、卷 3 頁 7b-8；《重修郯城縣志》（1763），卷 5 頁 18b。

24 論郯城：黃，頁 172c。

25 布告：黃，頁 172d。

26 迷信：馮，卷 3 頁 36b，以及他的傳記，見《邵武府志》，卷 20 頁 22。

27 由余：馮，卷 1 頁 12；卷 4 頁 8。曾子：同前，卷 1 頁 8；卷 1 頁 12b-13。

28 考試題目：關於一六六九年山東的考試問題，見法式善，《清秘述聞》，頁 61。每一個試題句子的完整上下文可以在理雅谷，《中國經典》中找到：第一題，頁 190-191；第二題，頁 430；第三題，頁 195。

29 舉人落榜：《重修郯城縣志》（1763），卷 8 頁 5。

30 聖諭：《實錄》，康熙朝，原文見頁 485-486；關於該聖諭的傳布，見頁 491。

31 郯子：理雅各，《中國經典》，頁 665-668。討論這次事件的文章，見馮，卷 10 頁 15、卷 10 頁 16，以及《重修郯城縣志》（1763），卷 11 頁 1。《續修郯城縣志》（1810），頁 358-359 記載了一位對話者發出的懷疑，他相當合乎邏輯地指出，孔子可能和郯子在魯國交談過，雖然這篇文章的作者蒐集了一些反面論證。關於這些場景的通俗說明，見杜黑，《探索》，XIII，頁 18-19。

32 孔子廟和聖蹟：馮，卷 1 頁 7，卷 2 頁 7，卷 4 頁 6。

33 廢棄的廟宇：黃，頁 247d。

34 道德的瓦解：黃，頁 360c、d。

35 地震：蒲，頁 170-171；以及吉爾斯，《聊齋志異》英譯本，

143。

14 一六四四年：《續修郯城縣志》（1810），頁156；馮，卷九頁10b。

15 洪水氾濫：馮，卷9頁11。

16 盜匪手下的遇難者：姚氏，馮，卷7頁27b；孫氏，卷7頁25b-26；杜之棟，卷9頁11，卷7頁6b（舉人名錄，卷8頁4b-5）。關於辨認死者的問題，參見《續修郯城縣志》（1810），頁157-158。土匪群可從《菏澤縣鄉土誌》，頁28-29；《嶧縣志》，卷1頁27；《鄒縣志》，卷3頁86查出。

17 地方人士對黃的回答：黃，頁63c。

18 更糟的郯城：黃，頁74c。

19 穀倉：「義倉」，馮，卷5頁12；拒絕借貸穀物，同前，卷5頁15。

20 學校：「社學」與「義學」，馮，卷5頁7。拒絕重建學校，黃，頁295b。對理想的學校制度、上課程序和支援系統的描述，見同書，頁296a、b。中村治兵衛收錄在《史淵》的兩篇文章（一九五五年二月及一九五六年十二月），對清代山東的學田制度有詳細的研究。

21 廢墟：城牆，馮，卷2頁1b-2；醫學，卷2頁3；橋梁，卷2頁8；廟宇，卷4頁6b。

22 黃六鴻傳：《重修郯城縣志》（1763），卷7頁26-27；王植，〈郯城尹黃思湖傳〉（王植從一七四七年到一七四九年出任郯城的知縣）；陳萬鼐，《洪昇研究》，頁125-127（陳在此辯稱，黃身為工科給事中，在一六八九年有責任向當局揭發洪昇）；《東光縣志》，卷5頁9。黃最後的官位是給事中，見布朗納德、海格史創，編號210B。

23 政府的回應：《實錄》，康熙朝，頁385，下令提出地震報

（1810），頁 127-129；和買得頭銜者的對照，馮，卷 8 頁 10-11；全部名錄，《續修郯城縣志》（1810），頁 127-156，有十九個名字無法辨識；關於這項碑文的發現，同前，頁 369-370。

11 四月的攻擊：《續修郯城縣志》（1810），頁 349；馮，卷 9 頁 9b-10。蒲，頁 220，提到紅花埠的妓院。

12 一六四三年的攻擊：馮，卷 9 頁 10 —— 壬午年主要是在一六四二年，但是該年十二月，相當西元一六四三年一月。我們可以將《續修郯城縣志》中的防衛者名錄，和馮〈卷七・列女傳〉中死亡的男性互相對照，來評估有哪些人在一六四一年逃過一死，卻在一六四三年遇害。

13 阿巴泰的入侵：《實錄》（太宗），頁 1046-1047、1072、1075-1076（官員中有一位是鰲拜，後來中國的攝政王）。阿巴泰在山東的行進路線可以從談遷的《國榷》，頁 5948、5954、5955、5956（他在此處指出，一六四三年二月十八日是郯城遭掠奪的日子），以及頁 5971 追溯出。這次入侵的影響，連遠在東邊的海州都可以感受到，這點可以從《海州直隸州志》，頁 68-69，頁 428-429 中的年表及傳記中得到證實。我們可以從恆慕義編輯的《清朝名人傳略》，頁 3、4 中，找到阿巴泰的小傳。他是努爾哈赤的第七子。描寫這場掠奪和其他由阿巴泰率領的大規模攻擊行動的詳細傳記，見《八旗通志》，卷 132 頁 1-16。就在滿洲大舉入侵一年後，李自成的先頭部隊，輕輕鬆鬆地從山東老百姓身上汲取了五十萬兩銀子。而在他們被滿洲主力部隊打敗前，正朝分級的方向徵稅（從六部尚書的十萬兩，下級官員的一萬兩，到擁有下級科名的一百兩）；顯而易見的，滿洲人只汲取了私人財富的龐大資源，而這些資源通常是隱而不見的。參見李文治，《晚明民變》，頁

第一章

1 地震：馮，卷 9 頁 12-13。

2 落井下石：馮，卷 3 頁 7。

3 自然的循環：馮的序文，以及一五八五年版的〈論〉，引見卷 5 頁 12b-13；卷 9 頁 15。

4 馮的傳記：《邵武府志》，卷 20 頁 22。他的科名列在同書，卷 7 項 2-3，而由序文得知，他在郯城縣知縣任內，同時也擔任邵武方志的編修。對他受邀編輯《郯城縣志》一事，參見他自己的序文。下文中會提到的通過舉人考試的杜和徐，在馮就任郯城縣知縣時，已相繼過世。

5 郯城的統計：細節見馮，卷 3 頁 6b；關於人口，見卷 3 頁 34，用的比例為一比六，見卷 9 頁 12b；關於土地，見卷 3 頁 7b-8b；關於社（也就是 32 加 13 里，共 45 里），見卷 9 項 17。山東省其他一些區域的比較數目，參見藤田敬一，〈清初山東〉，頁 128-131。

6 白蓮教：馮，卷 9 頁 8，有關於該亂事對地方的即時性影響。領導者及其許諾的細節，見《鄒縣志》，卷 3 頁 81-83，這段資料也指出地方領袖的發祥地。蒲，頁 34，也有廣泛的評論。陳，〈白蓮教〉，頁 226，注 1，對白蓮教的資料，有很完善的整理。朱永德在《白蓮教》，頁 115-123，對山東的動亂有更詳細的描述。

7 蝗蟲：馮，卷 9 頁 9。

8 一六四一年的襲擊：由來自山東西北部的史二和姚三所領導，馮，卷 9 頁 9b-10。《費縣志》，卷 5 頁 7b；《鄒縣志》，卷 3 頁 84b，對這兩名領導人有更進一步的描述。

9 王英：《重修郯城縣志》（1763），卷 8 頁 18b，卷 9 頁 9b。

10 郯城的防禦：二百九十二位男性名錄，《續修郯城縣志》

魏斐德和凱若琳・葛蘭特合編的《帝制中國晚期的衝突與控制》中，由魏斐德（Frederic Wakeman）、傑瑞・鄧那林（Jerry Dennerline）和詹姆斯・蒲樂契克（James Polachek）所寫的論文；強納森・歐克的〈丁日昌與江蘇的復興，一八六四至一八七〇年：修辭與現實〉；以及希拉蕊・畢蒂的〈中國的土地與家族：對明、清兩朝安徽桐城縣的研究。〉

- 雖然在這裡將一些中世紀西方的鄉土研究列成書目，顯得無關緊要，我仍然想到下面幾部作品（跟我自己的研究範圍相近，卻更為詳盡），像是芭芭拉・韓那瓦特的〈十四世紀及十五世紀早期英格蘭的橫死〉，或是皮耶・夏努所寫關於〈十六、十七、十八世紀巴黎之死〉的要點陳述。
- 黃六鴻的回憶錄及官箴，書名是《福惠全書》，字面的意思是「幸福與慈善全集」，書中有一篇作者在一六九四年寫的序。黃六鴻提到另一本對他特別有幫助，可以作為模範的地方官箴——潘杓燦在一六七〇年代中期寫成，在一六八四年出版的《未信編》（參見黃自己的「凡例」，頁 5，及山根幸夫為黃的《福惠全書》所寫的序文，頁 3）。黃在《福惠全書》頁 229d 告訴我們，他也很欽佩李漁的行政研究選集（政書或公牘）——《資治新書》（一六六三年初版，一六六七年擴充再版）。關於主要的知縣官箴，參見約翰・渥特，《帝制中國晚期的知縣》。
- 有關蒲松齡作品更全面的參考資料，列在第一章〈觀察者〉的注解中。除了各種地方史中的簡短段落外，唯一一篇特別稱許郯城的文章，是我無意中發現的禚夢庵的〈郯城沂南詩社〉，出版於一九七七年初。在這篇文章中，禚回憶清末馬頭鎮的一些有名的詩社，並語帶讚賞地回想鄰近郯城的沂河風光。作者現在住在台灣，文章中透露出他對中國家鄉的緬懷之情。

注釋

注釋中所用的縮寫

馮：《郯城縣志》主編及作者為馮可參，十卷，編者寫序的日期是一六七三年。後來由不同編者編纂的版本分別出現在一七六三年和一八一〇年，下文引作《重修郯城縣志》（1763）和《續修郯城縣志》（1810）。

黃：《福惠全書》，黃六鴻著，作者作序的日期是一六九四年。新版由山根幸夫編纂（後來的版本由小畑行蘭編輯），京都，一九七四年。

蒲：蒲松齡寫的《聊齋志異》，作者作序的日期是一六七九年。我用的是張友鶴根據蒲氏原稿輯校的《聊齋志異》會校會注會評本，三冊，上海，一九六二年。

前言

- 對現代化之前的鄉村中國，以英文作過最廣泛研究的，當屬蕭公權的《中國鄉村：論 19 世紀的帝國控制》及何炳棣的《中國人口研究，一三六八至一九五三年》。針對中華人民共和國成立以前的過渡時期，雷蒙・麥爾斯的著作極有參考價值：《中國農民經濟：河北及山東的農業發展，一八九〇至一九四九年》。
- 傑出的地區研究有：韓書瑞，《中國的千禧年之亂：一八一三年的八卦教之亂》；詹姆高，〈紹興：清朝社會歷史研究〉；

歷史與現場 342

婦人王氏之死

The death of Woman Wang

作者	史景遷（Jonathan D. Spence）
譯者	李孝愷
校譯	李孝悌
校對	馬文穎
資深編輯	張擎
封面設計	許晉維
內頁排版	張靜怡
人文線主編	王育涵
總編輯	胡金倫
董事長	趙政岷
出版者	時報文化出版企業股份有限公司 108019 臺北市和平西路三段 240 號 7 樓 發行專線｜ 02-2306-6842 讀者服務專線｜ 0800-231-705 ｜ 02-2304-7103 讀者服務傳真｜ 02-2302-7844 郵撥｜ 1934-4724 時報文化出版公司 信箱｜ 10899 臺北華江橋郵局第 99 信箱
時報悅讀網	www.readingtimes.com.tw
人文科學線臉書	http://www.facebook.com/humanities.science
法律顧問	理律法律事務所｜陳長文律師、李念祖律師
印刷	家佑印刷有限公司
初版一刷	2023 年 9 月 1 日
定價	新臺幣 380 元

ISBN 978-626-374-105-8 ｜ Printed in Taiwan

婦人王氏之死／史景遷（Jonathan D. Spence）著；李孝愷譯 .
-- 初版 . -- 臺北市：時報文化出版企業股份有限公司，2023.09 ｜ 256 面；14.8×21 公分 .
譯自：The death of woman Wang ｜ ISBN 978-626-374-105-8（平裝）
1. CST：女性 2. CST：中國史｜ 544.592 ｜ 112011223

時報文化出版公司成立於一九七五年，並於一九九九年股票上櫃公開發行，於二〇〇八年脫離中時集團非屬旺中，以「尊重智慧與創意的文化事業」為信念。